FRECUENCIAS

Español comunicativo para el siglo XXI

Nivel

Libro del estudiante

A1

Equipo **Frecuencias**

PARTE 2 A1.2

Edinumen

Hugo Roberto Wingeyer, doctor en Lingüística Aplicada, es vicedecano de la Facultad de Humanidades de la Universidad del Nordeste (Chaco, Argentina)
La profesora y escritora Eloísa Covarrubias imparte talleres de narrativa y poesía en el Instituto Sonorense de Cultura (Hermosillo, México)

ISBN - Libro del estudiante: 978-84-91794-52-3
Depósito legal: M-9555-2020

Impreso en España
Printed in Spain
1123

Coordinación pedagógica:
M.ª José Gelabert

Coordinación editorial:
Mar Menéndez

Maquetación:
Juanjo López, Sara Serrano y Elena Lázaro

Diseño de portada y maqueta:
Juanjo López

Ilustraciones:
Carlos Casado

Estudio de grabación:
Producciones Activawords

Impresión:
Gráficas Muriel. Madrid

Vídeos:
Serie *Hostal Babel*, creada y producida por Edinumen

Créditos fotográficos en pág. 199

Editorial Edinumen
José Celestino Mutis, 4. 28028 Madrid. España
Teléfono: (34) 91 308 51 42
Correo electrónico: edinumen@edinumen.es
www.edinumen.es

¡En Edinumen nos apasiona el español!

Desde nuestros inicios hace ya más de 30 años, nuestro objetivo ha sido siempre mejorar la experiencia del aprendizaje de español en todo el mundo. Nos enorgullece decir que el cien por cien de nuestros recursos están dedicados exclusivamente a la enseñanza y aprendizaje de español como lengua extranjera y segunda lengua.

Durante todos estos años, hemos tenido el enorme privilegio de trabajar al lado de entusiastas profesionales del español que viven y desarrollan su labor en multitud de países y, por lo tanto, representan realidades diferentes. Así, hemos constatado los cambios que se han ido produciendo y hemos afrontado juntos nuevos retos para lograr el objetivo que compartimos: que los estudiantes que deciden aprender español sean capaces de disfrutar también de un apasionante universo sociocultural y lingüístico tan completo como enriquecedor.

Este reto es hoy especialmente emocionante. Gracias al desarrollo de las nuevas tecnologías, la interacción entre culturas y personas interconectadas desde todos los lugares del mundo es permanente y se produce a un ritmo inimaginable hasta ahora. Los hablantes de español del siglo XXI son interlocutores en un universo compuesto por realidades lingüísticas y culturales muy diversas que se nutren entre sí.

En los últimos años ha habido un intento justificado de integrar en los materiales didácticos muestras de lengua que se asemejen lo más posible a los modelos reales. En este sentido, **Frecuencias** incorpora, por primera vez en un manual de ELE, una extensa muestra de ejemplos extraídos de las bases de datos o corpus* que, siempre al hilo de los contenidos tratados, ilustran variantes de carácter léxico, gramatical o comunicativo con el fin de acercar al estudiante a las diferentes realidades sociolingüísticas hispánicas.

Además, **Frecuencias** se ha desarrollado metodológicamente en dos ejes: el aprendizaje por contenidos y la resolución de tareas que permiten al estudiante poner en práctica los conocimientos adquiridos anteriormente, lo que favorece un aprendizaje activo y eficaz.

Por último, queremos destacar la colaboración entre **Edinumen**, especialistas en ELE, y la **Real Academia Española (RAE)** en la génesis del proyecto, así como el asesoramiento de la RAE en el uso de los corpus y su revisión final del presente trabajo. Sin su ayuda y apoyo este manual no podría haber visto la luz.

Estamos muy ilusionados de presentar este nuevo manual de ELE, que da respuesta a las necesidades de estudiantes y docentes para un aprendizaje real en el siglo XXI.

[1] Colección de textos de todos los países hispanohablantes en formato electrónico, con varios millones de palabras, que la Real Academia Española (RAE) ha codificado y clasificado y que permiten la búsqueda a través de formas, lemas, categorías gramaticales, zonas geográficas, etc.

Edinumen

Especialistas en ELE

FRECUENCIAS

Frecuencias es el nuevo curso de español que da respuesta a las necesidades de estudiantes y docentes para un aprendizaje real en el siglo XXI.

Frecuencias sigue las recomendaciones del *Marco común europeo de referencia para las lenguas (MCER)* y su sílabo se ha elaborado a partir del *Plan curricular del Instituto Cervantes*.

El curso favorece un aprendizaje **activo**, de manera que el conocimiento de la lengua es **real**, **significativo y adaptado** a las **necesidades** del estudiante.

Una propuesta metodológica eficaz

Frecuencias combina el **aprendizaje por contenidos** con la **resolución**, en una fase posterior, de **tareas** en las que el estudiante tiene que poner en funcionamiento los conocimientos adquiridos previamente. Esta combinación facilita el aprendizaje, ya que los contenidos se van presentando **de manera progresiva** a lo largo de los apartados, de modo que el estudiante, al enfrentarse a las tareas, ha adquirido ya todas las herramientas que necesita para resolverlas con éxito.

Las actividades que se presentan son **significativas social y emocionalmente**, conectan con el estudiante y lo involucran en su aprendizaje. Estas actividades aumentan la **motivación** y favorecen la asimilación de lo aprendido.

La incorporación de los corpus de la RAE: CORPES XXI y CREA

Frecuencias incluye una extensa muestra de **ejemplos reales** extraídos de los corpus de la RAE para mostrar usos auténticos de lengua, con **variantes** que ejemplifican la riqueza lingüística del mundo hispánico, algunas **frecuencias** de uso y **combinatoria** de palabras, así como fenómenos de carácter **gramatical o comunicativo**.

Las muestras se destacan claramente en el manual a través de cuadros estratégicamente colocados junto a los contenidos a los que hacen referencia.

RAE

GRAMÁTICA

En las zonas voseantes de América, el imperativo tiene una forma propia para la persona vos *(hablá, bebé, abrí, empezá, volvé, elegí, tené, hacé, poné, vení, salí, decí...)*: *Empezá vos, por favor./Comé, comé, está muy bueno.*

Una visión global del mundo hispánico

La presencia de aspectos **culturales e interculturales** a lo largo de las actividades, así como en el apartado "Cultura", y la integración destacada de las **variantes hispánicas** facilitan la creación de una conciencia global del mundo hispánico y la adquisición de habilidades de comunicación por parte del estudiante. Todo esto le permite desenvolverse con éxito en una realidad lingüística y cultural tan compleja como la de la comunidad hispanohablante.

Un atractivo y motivador material audiovisual

Frecuencias presenta la serie ***Hostal Babel***, comedia de situación específicamente creada para el manual, en la que, a través de una anécdota y su resolución, se repasan los contenidos de cada unidad. La serie está protagonizada por cinco personajes de distintos países de habla hispana.

Un diseño a doble página que facilita el aprendizaje

Frecuencias aporta un **atractivo y moderno diseño a doble página** que permite presentar los contenidos de manera **motivadora**, **clara y ordenada**, lo que facilita el aprendizaje.

En colaboración con la Real Academia Española (RAE)

La **Real Academia Española (RAE)** es miembro de la Asociación de Academias de la Lengua Española (ASALE), que se formó en México en 1951 y que está integrada actualmente por las veintitrés academias de la lengua española existentes en el mundo (veinte en América, además de España, Filipinas y Guinea Ecuatorial).
Su objetivo es llevar a cabo una política lingüística panhispánica trabajando unidas para conseguir la integridad y el crecimiento de la lengua española.

Entre sus logros cabe destacar la publicación, en coautoría, del *Diccionario de la lengua española* a partir de su XXII edición, la *Ortografía* en sus ediciones de 1999 y 2010, y el *Diccionario panhispánico de dudas* (2005), así como la elaboración de distintas bases de datos o corpus.

Frecuencias es un proyecto desarrollado por **Edinumen** con la colaboración de la **Real Academia Española**. Esta colaboración se ha centrado en dos aspectos:

- por un lado, Edinumen ha tomado en consideración los corpus lingüísticos y bases de datos que la RAE ofrece, así como su conocimiento del uso del español, para el desarrollo del curso;
- por otro lado, el manual ha sido revisado por la Real Academia Española como lingüística, léxica y gramaticalmente correcto.

Los corpus: CORPES XXI y CREA

El **Corpus del Español del Siglo XXI (CORPES XXI)** es un proyecto impulsado por la Asociación de Academias de la Lengua Española (ASALE). Está formado por diferentes tipos de textos de todos los países del mundo hispánico. Reúne un conjunto de alrededor de 400 millones de formas y palabras, con una distribución de un 70 % de América y un 30 % de España, que aparecen en textos producidos a partir de 2001.

El **Corpus de Referencia del Español Actual (CREA)** está diseñado para proporcionar información exhaustiva acerca de la lengua en un momento determinado de su historia y es lo suficientemente extenso para representar todas sus variedades relevantes. Se compone de una amplia variedad de textos escritos y orales, producidos en todos los países de habla hispana entre 1975 y 2004 y en los que es posible la búsqueda por formas, lemas y categorías gramaticales.

Frecuencias, curso de español revisado por la RAE y que incluye muestras auténticas de los corpus lingüísticos.

Estructura del libro

Cada nivel de **Frecuencias** está compuesto por **diez unidades didácticas** estructuradas en ocho apartados con unos objetivos específicos:

- **presentación** de los contenidos de la unidad;
- activación de los **conocimientos previos** de los estudiantes sobre el tema;
- presentación y actividades para la adquisición de **vocabulario**;
- presentación y práctica de los **contenidos gramaticales**;
- **secuencia comunicativa** para poner en práctica los conocimientos adquiridos, a través de tareas significativas y el **desarrollo de las cuatro destrezas**;
- presentación de **contenidos culturales** relacionados con el universo hispánico;
- actividades de **vídeo** sobre la serie *Hostal Babel*, que presenta en un contexto real y cotidiano los contenidos tratados en cada unidad;
- **evaluación** de lo aprendido y reflexión sobre el aprendizaje.

Los diferentes apartados han sido pensados para que se realicen en **una o dos sesiones** de clase cada uno de ellos, dependiendo de las necesidades y la progresión específica de cada grupo de estudiantes.

Las tareas están diseñadas para trabajar en **diferentes dinámicas: de modo individual**, **en parejas**, **en grupos pequeños y todo el grupo**, fomentando de esta manera el trabajo colaborativo y el intercambio de conocimientos entre los diferentes miembros de la clase. Estas dinámicas aparecen indicadas con las siguientes etiquetas:

En parejas **En grupos pequeños** **Todo el grupo**

Cada nivel de **Frecuencias** viene acompañado de un apéndice de **Pronunciación y ortografía** con diez fichas prácticas que trabajan el componente fonético y ortográfico y que pueden presentarse en clase según las necesidades específicas de cada grupo.

La ELEteca (extensión digital)

La **ELEteca** es una completa **plataforma *e-learning*** con funcionalidades y contenidos digitales que facilitan la enseñanza/aprendizaje de la lengua.

La ELEteca de **Frecuencias** ofrece **actividades interactivas** para la práctica en línea de los principales contenidos de cada apartado de las unidades, todo el **material audiovisual** del curso y una gran variedad de recursos tanto para el estudiante como para el docente.

Para entrar en la ELEteca, regístrate con el código que aparece en el interior de la cubierta en:

https://eleteca.edinumen.es/

HOSTAL Babel

Frecuencias presenta esta serie de ficción, en la que, a través del humor, se recogen los contenidos principales de cada unidad.

La acción transcurre principalmente en el **hostal Babel**, un lugar de encuentro en el que conviven cuatro estudiantes y Bea, la dueña del hostal.

El hostal Babel es un lugar divertido, familiar y con cierto toque bohemio. Un lugar ideal para vivir innumerables experiencias que acompañarán a los estudiantes a lo largo de todo el manual.

BEA

30 años, española

La dueña del hostal. Una mujer simpática, trabajadora, divertida y dinámica. Siempre de buen humor, lo mismo hace de amiga que de psicóloga o de árbitra en los conflictos que surgen en el hostal.

CARLA

24 años, argentina

Estudiante universitaria de Filosofía. Carla es una chica estudiosa, intelectual y formal. También es muy habladora y un poco "sabelotodo".

TERE

19 años, española

Estudiante de Empresariales, aunque poco amiga de las clases y muy amiga de las fiestas y la diversión. Extrovertida, simpática, dormilona y poco aplicada en sus deberes.

LEO

19 años, español

Estudia Química. Es un chico inteligente, aunque tímido, introvertido y con pocas habilidades sociales. Amante del cine fantástico, los cómics, la parapsicología y los videojuegos.

HUGO

20 años, mexicano

Estudia Veterinaria, es vegano, animalista y amante del yoga y de la vida sana. Aunque tiene algunos conflictos en el hostal, acaba entablando una gran amistad con sus compañeros.

No te pierdas ***Hostal Babel***,
un lugar de encuentro para la amistad, la tolerancia y la mezcla de culturas.

Estructura de las unidades y elementos gráficos guía visual

Portada. En ella se encuentran resumidos los objetivos principales de cada unidad, así como imágenes y preguntas que introducen el tema y activan la motivación.

Preguntas de motivación.

Objetivos de aprendizaje.

Dinámica recomendada para las diferentes actividades.

¿Qué sabes? Apartado con actividades para sondear los conocimientos previos de los estudiantes sobre el tema a tratar, a la vez que se anticipa el vocabulario, algunas estructuras gramaticales y elementos culturales de los apartados sucesivos.

Uso de elementos visuales para la realización de muchas de las actividades.

Palabras. Secuencia de actividades de léxico que facilitan el aprendizaje del vocabulario contextualizado según el tema de la unidad. Las actividades están destinadas a que los estudiantes descubran palabras o expresiones y aprendan a combinarlas y a usarlas en contexto. Este aprendizaje se lleva a cabo a través de textos orales o escritos, imágenes, definiciones, cuadros semánticos… que permiten deducir e interpretar su significado.

Cuadro de atención que sirve para resaltar o recordar los contenidos importantes.

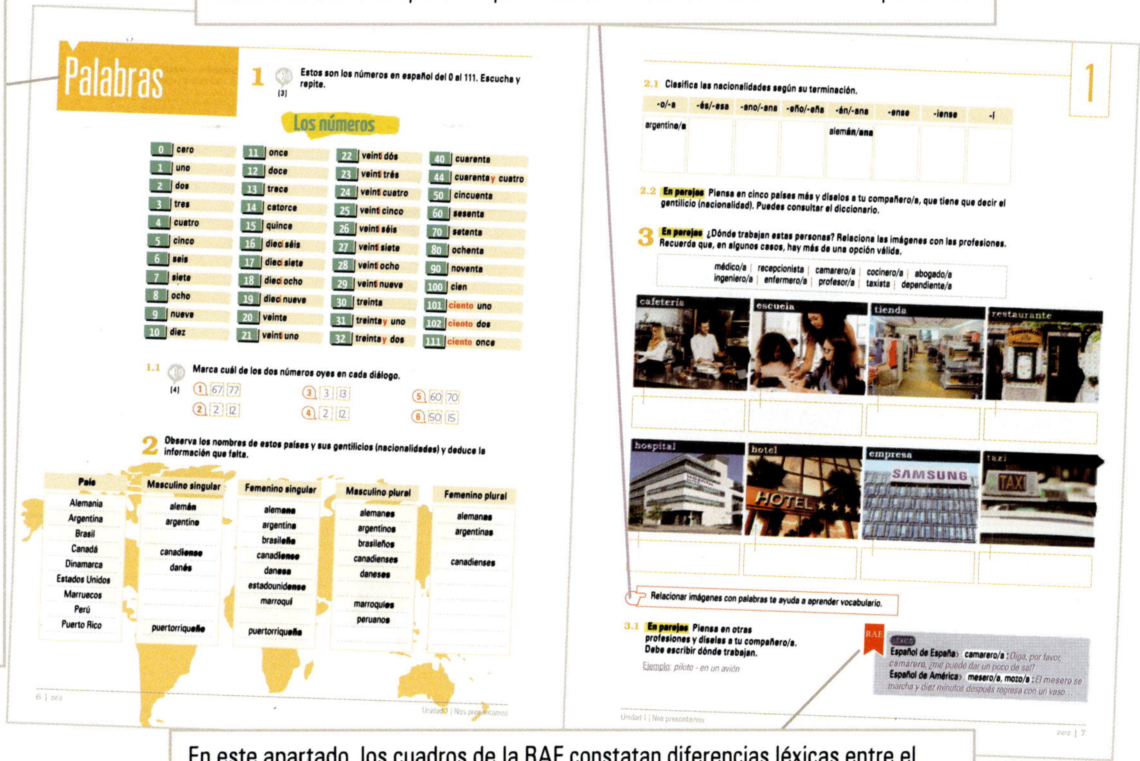

En este apartado, los cuadros de la RAE constatan diferencias léxicas entre el español de España y el de América con ejemplos extraídos de los corpus.

Gramática. La gramática se presenta sistematizada a través de cuadros diseñados para facilitar su aprendizaje y de actividades de reconocimiento y práctica guiada de los contenidos tratados.

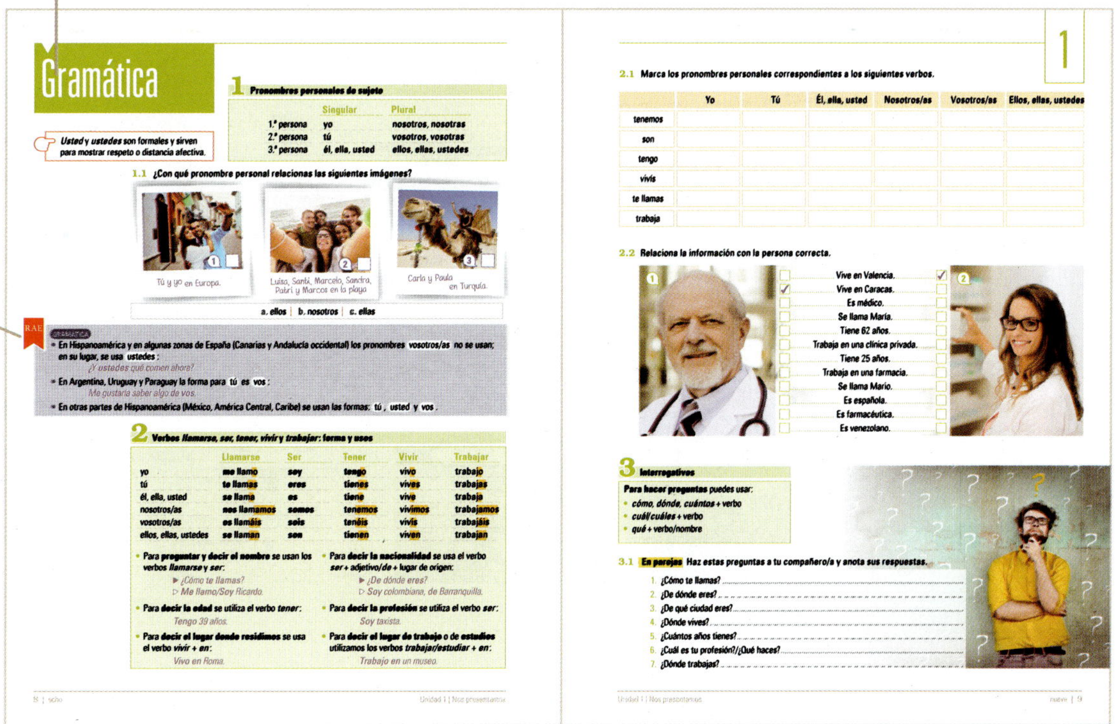

En este apartado, los cuadros de la RAE presentan información referida a cuestiones gramaticales (contraste entre el español de España y el de América, frecuencias de uso, regímenes verbales, etc.) con ejemplos extraídos de los corpus.

Practica en contexto. El estudiante aprende a interactuar a través de las diferentes tareas presentadas en una secuencia didáctica coherente y significativa. Mediante estas tareas el estudiante pone en práctica los conocimientos adquiridos hasta el momento con actividades de comprensión y producción orales y escritas, interactuando según las diferentes dinámicas propuestas.

Practica en contexto

1 Escucha estas presentaciones de profesionales y completa la información que falta.

	1	2	3	4	5
Nombre:		Marina	Malthe	Sara	
Edad:			40 años	30 años	27 años
Profesión:	diseñadora gráfica	conductora		panadera	
Nacionalidad:	peruana				mexicano
Lugar de residencia:		Kiev	Madrid		
Lugar de trabajo:	empresa de publicidad	empresa de transporte de viajeros			compañía multinacional

1.1 Contesta a las siguientes preguntas.
1. ¿Cómo se llama la panadera?
2. ¿Cuántos años tiene Malthe?
3. ¿Cuál es la profesión de Carlos?
4. ¿Dónde vive Marina?
5. ¿Dónde trabaja Paula?

1.2 En parejas Ahora preséntate a tu compañero/a.

1.3 Todo el grupo Levántate y presenta a tu compañero/a a otros estudiantes. Responde a las diferentes presentaciones. Ellos tienen que saludar y responder al saludo.

2 En parejas Lee estas tarjetas profesionales y contesta a las preguntas de tu compañero/a.

Los cuadros funcionales se presentan en el momento adecuado de la secuencia como una herramienta que el estudiante utiliza para resolver con éxito la tarea propuesta.

Cultura. Los contenidos culturales se presentan en una secuencia muy visual y dinámica en la que se tratan temas socioculturales de España e Hispanoamérica.

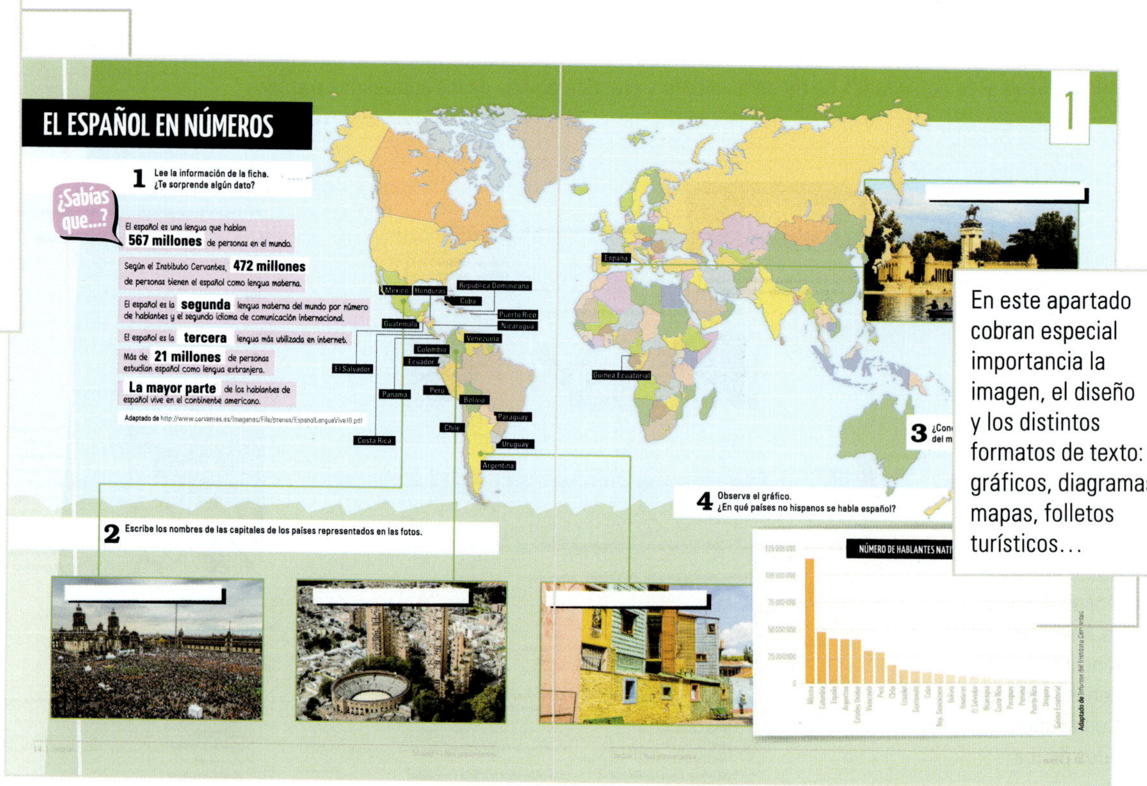
EL ESPAÑOL EN NÚMEROS

1 Lee la información de la ficha. ¿Te sorprende algún dato?

¿Sabías que...?

El español es una lengua que hablan 567 millones de personas en el mundo.

Según el Instituto Cervantes, 472 millones de personas tienen el español como lengua materna.

El español es la segunda lengua materna del mundo por número de hablantes y el segundo idioma de comunicación internacional.

El español es la tercera lengua más utilizada en internet.

Más de 21 millones de personas estudian español como lengua extranjera.

La mayor parte de los hablantes de español vive en el continente americano.

2 Escribe los nombres de las capitales de los países representados en las fotos.

4 Observa el gráfico. ¿En qué países no hispanos se habla español?

En este apartado cobran especial importancia la imagen, el diseño y los distintos formatos de texto: gráficos, diagramas, mapas, folletos turísticos...

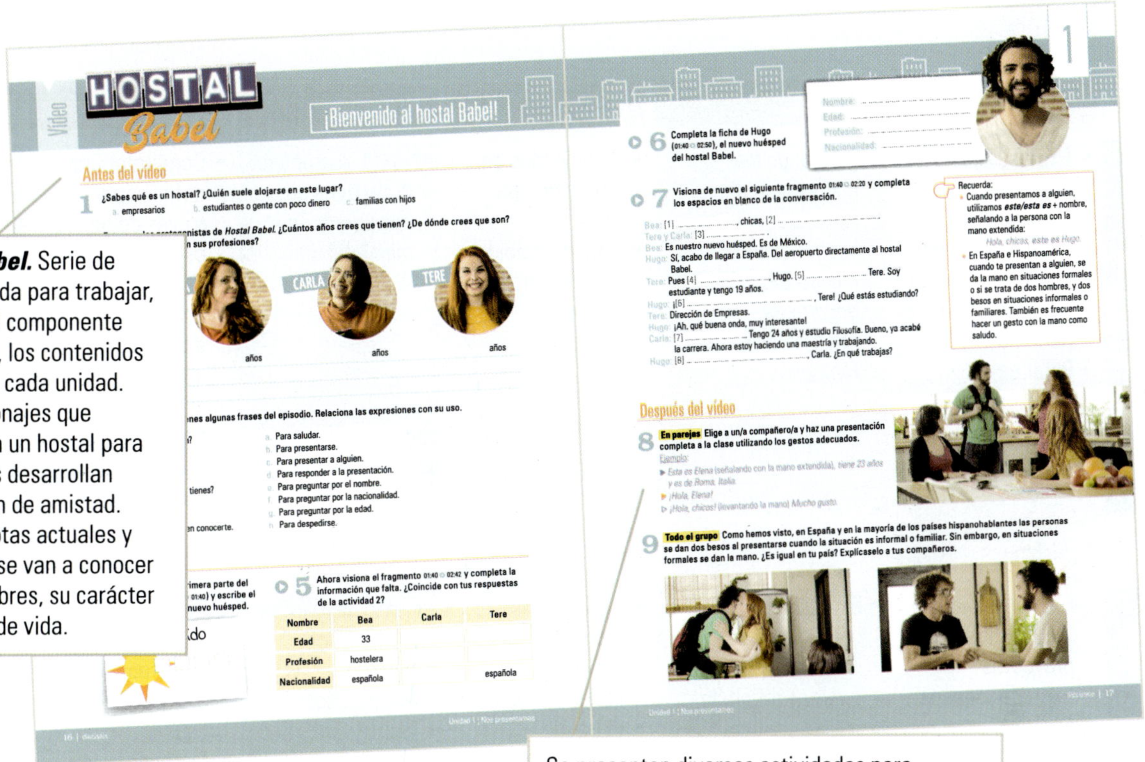

Hostal Babel. Serie de ficción ideada para trabajar, a través del componente audiovisual, los contenidos tratados en cada unidad. Cinco personajes que conviven en un hostal para estudiantes desarrollan una relación de amistad. Con anécdotas actuales y divertidas, se van a conocer sus costumbres, su carácter y su forma de vida.

Se presentan diversas actividades para predecir, comprender y comentar la historia, así como para trabajar la comunicación no verbal.

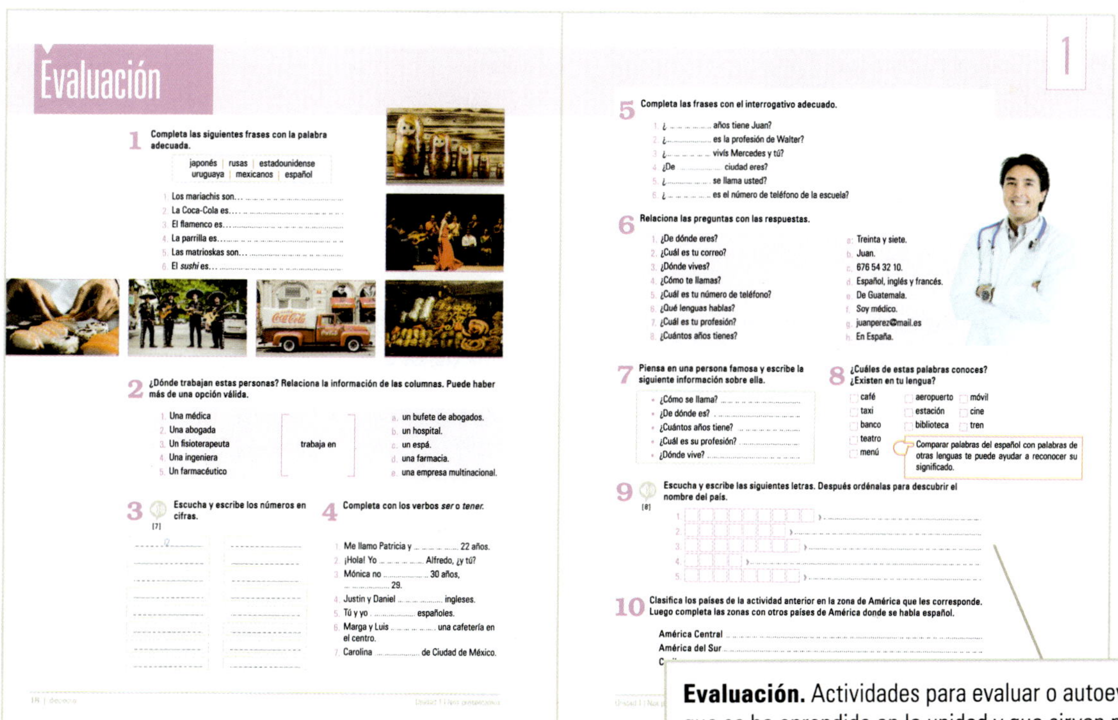

Evaluación. Actividades para evaluar o autoevaluar lo que se ha aprendido en la unidad y que sirven para que el estudiante tome conciencia de su propio aprendizaje. Con ellas, este puede reflexionar acerca de los errores cometidos e identificar aquellos contenidos que necesite repasar.

Índice

España datos de interés

Número de habitantes

47 millones de habitantes

España es el tercer país más visitado del mundo, superado únicamente por Francia y Estados Unidos.

La mayor reserva ecológica de Europa está en España: el parque nacional de Doñana.

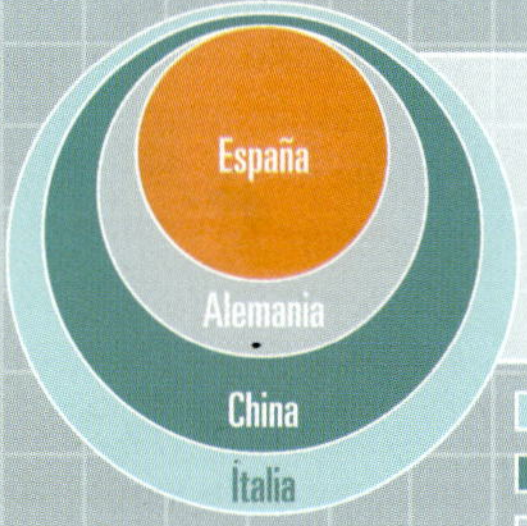

Es el cuarto país con más sitios Patrimonio de la Humanidad, por detrás de Italia, China y Alemania.

- Italia (58)
- China (56)
- Alemania (51)
- España (49)

Monumentos más visitados en España:

1. La Alhambra (Granada)
2. La Sagrada Familia (Barcelona)
3. La Mezquita (Córdoba)
4. La Catedral de Santiago de Compostela (La Coruña)
5. La Catedral de Burgos (Castilla y León)

Es el líder mundial en donación de órganos.

Las cuevas de Altamira albergan el arte paleolítico más antiguo de Europa.

Hispanoamérica datos de interés

Según *National Geographic*, el glaciar Perito Moreno, dentro del parque natural Los Glaciares en Argentina, es el cuarto paraje natural más bello del mundo, y el parque nacional Canaima, en Venezuela, ocupa el lugar número 15.

¡Hola!

La mayoría de los hablantes de español se encuentran en Hispanoamérica:

404 millones de hablantes nativos

Países más visitados de Hispanoamérica

- **México** ≃ 40 000 000
- **Argentina** ≃ 7 000 000
- **Chile** ≃ 6 500 000
- **República Dominicana** ≃ 6 000 000

Principales culturas precolombinas

- **Azteca** (Sur de México, siglos XIV-XVI)
- **Maya** (México y Guatemala, siglos I-XVII)
- **Inca** (Ecuador, Perú, Bolivia, norte de Argentina y Chile, siglos XV-XVI)

¿Por qué estudio español?

Más de 595 millones de personas hablan español en el mundo. De ellos, 496 millones son nativos.

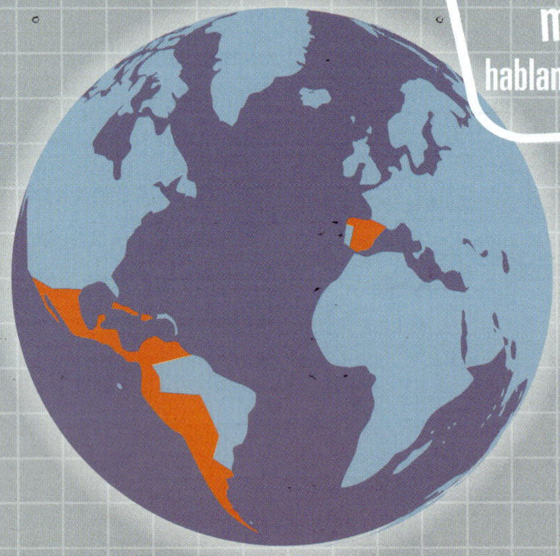

El español es la **segunda lengua materna del mundo** por número de hablantes, después del chino mandarín.

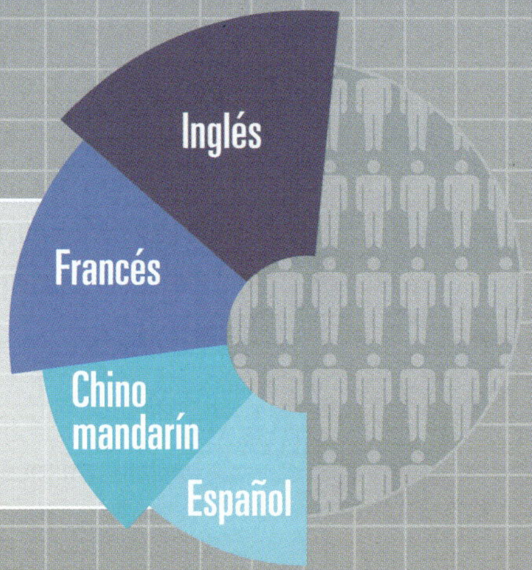

Es la cuarta lengua más estudiada del mundo después del inglés, el francés y el chino mandarín: actualmente hay casi 24 millones de estudiantes de español en el mundo.

La contribución del conjunto de los países hispanohablantes al PIB mundial es del 6.2 %.

- El español es la tercera lengua más utilizada en la red.
- El 7.9 % de los usuarios de internet se comunica en español.
- El español es la segunda lengua más utilizada en Wikipedia, en Facebook, en LinkedIn y en X.

El español es la segunda lengua más importante en el ámbito internacional.

El español ocupa la cuarta posición en el ámbito institucional de la Unión Europea.

Es la tercera lengua en el sistema de trabajo de la ONU: es una de sus seis lenguas oficiales.

España es el tercer país exportador de libros del mundo.

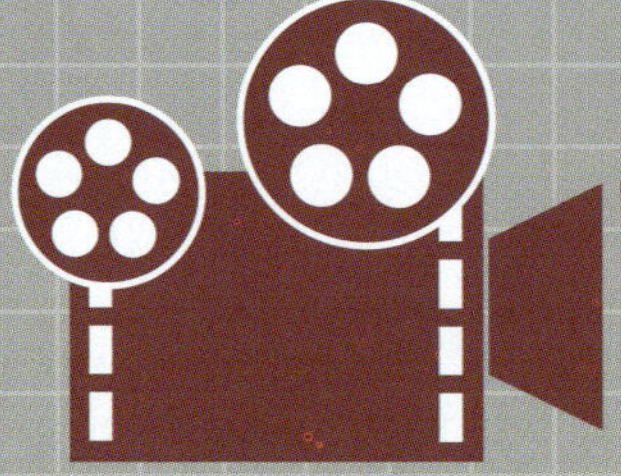

España, Argentina y México se encuentran entre los quince principales países productores de películas del mundo.

Datos extraídos del informe *El español: una lengua viva*, elaborado y redactado por David Fernández Vítores, y dirigido y coordinado por la Dirección Académica del Instituto Cervantes (2022).

Libro del estudiante

Nivel

A1.2

Unidad

6 No me gusta,

¿Qué te gusta hacer en tu tiempo libre?

¿Qué cosas no te gusta hacer?

¿Normalmente comes en bares?

¿Sabes qué son las tapas?

¡me encanta!

En esta unidad vas a. . .

- Expresar gustos, intereses y preferencias
- Preguntar por gustos, intereses y preferencias
- Expresar acuerdo y desacuerdo
- Pedir en el restaurante
- Conocer algunas tapas típicas

¿Qué sabes?

1 **Todo el grupo** ¿Qué actividades puedes hacer en estos lugares?

Ver una exposición. | Leer. | Comer/cenar. | Escuchar música. | Hacer senderismo. | Ver una película. | Practicar deporte. | Cantar. | Esquiar. | Ver una obra de teatro. | Bailar. | Dormir. | Montar en bicicleta. | Hacer fotos. | Otras: ....

el bar

tu casa

el cine

la discoteca

la montaña

el museo

el teatro

el parque

RAE
Español de España › montar: *Complementen este ejercicio con deportes como correr, nadar o **montar** en bicicleta.*
Español de América › andar: *Caminar, **andar** en bicicleta, patinar, bailar o jugar a la pelota o con la raqueta son buenas maneras de quemar calorías y mantenerse en forma.*

2 **En parejas** ¿Sabes qué es el menú del día? Aquí tienes uno. Complétalo con estas palabras.

Segundo plato | refresco | Tortilla | Pan | Pollo asado con patatas
Helado | a la plancha | Sopa de marisco | Postre

MENÚ

Jueves, 20 de abril

PRIMER PLATO

- [1] .... de patata.
- [2] ....
- Ensalada mixta.
- Parrillada de verduras.

[3] ....

- Hamburguesa con queso.
- [4] ....
- Paella mixta.
- Filete de merluza [5] ....

[6] ....

- Fruta del tiempo.
- Flan casero.
- [7] ....

([8] ...., agua, [9] .... u otra bebida incluidos).

11,50€

2.1 **En parejas** Analiza la actividad anterior y completa esta definición de "menú del día". Compara con tu compañero/a. ¿Coinciden las definiciones?

El menú del día es un tipo de menú de precio fijo que se sirve en muchos restaurantes y bares españoles. En el menú se puede [1] .... entre diferentes platos dentro de los [2] .... grupos (primeros, segundos y [3] ....). La denominación "del día" se debe a que el menú cambia los [4] .... cada día de la [5] .... Se considera un menú económico y generalmente no se ofrece los fines de semana.

2.2 **Todo el grupo** ¿Existe el menú del día en tu país? ¿Qué platos suelen ser los primeros? ¿Y los segundos? ¿Cuáles son los postres típicos? ¿El precio incluye la bebida y el pan? Cuéntaselo a la clase.

Ejemplo: *En mi país el menú tiene...*

RAE

Español de España › patata : *Alrededor del pollo se ponen las **patatas**, el tocino y las cebollitas, colocándolos encima del pollo.*
Español de América › papa : *Voy a asar carne de puerco con **papas**.*

Palabras

1 **En parejas** Lee la oferta de ocio de la ciudad de Bilbao y completa el cuadro con las actividades de tiempo libre que se pueden realizar. Luego compara tu clasificación con la de tu compañero/a.

Playa de Arrietara

Una de las playas preferidas por los surferos donde se puede **hacer surf**, **pasear por la playa** y **jugar al voleibol**.

Museo Guggenheim

En este museo podemos **ver una exposición** o ver la colección propia del museo, que tiene obras de algunos de los principales artistas del siglo XX. También puedes **hacer fotos** del museo desde diversos puntos y a diferentes horas del día.

Auditorio Mitxelena

En el auditorio Mitxelena podemos **escuchar un concierto de *jazz***, algo muy habitual en el País Vasco. El auditorio está dentro del edificio Bizcaia Aretoa de la Universidad del País Vasco.

Estadio de San Mamés

Si eres amante del fútbol, lo mejor es **visitar el museo del Athletic Club** y, por supuesto, **ver un partido de fútbol** en el Estadio de San Mamés.

5

El Casco Viejo

También conocido como *las 7 calles de Bilbao*, el Casco Viejo tiene más de 200 bares y restaurantes donde podemos **tomar pinchos** y **algo de beber**.

6

Parque de Doña Casilda

En este parque podemos **descansar** y **disfrutar de la naturaleza** en el corazón de la ciudad. Se trata de un jardín de estilo inglés construido en 1907. Dentro se encuentra el Museo de Bellas Artes de Bilbao.

7

Puente Colgante de Vizcaya

Declarado Patrimonio de la Humanidad, es un puente transbordador que funciona como transporte de personas y vehículos. También se puede **pasear por el puente**, **hacer una visita guiada** o **practicar deportes de riesgo** (escalada, rápel, etc.).

8

Teatro Arriaga

El Teatro Arriaga es uno de los centros culturales más importantes de Bilbao. En él actúan orquestas de todo el mundo. También podemos **ver obras de teatro**, **espectáculos de danza**, **musicales** y **conciertos**.

Actividades culturales	Deporte	Comida y bebida	Actividades al aire libre

1.1 [24] **Íñigo es de Bilbao y nos va a contar lo que hace en su tiempo libre. Marca en la lista las actividades que menciona.**

1. ☐ Pasear por la playa.
2. ☐ Ver una película.
3. ☐ Tomar pinchos.
4. ☐ Jugar al voleibol.
5. ☐ Ver un partido de fútbol.
6. ☐ Descansar.
7. ☐ Ver un partido de baloncesto.
8. ☐ Ir a un concierto.
9. ☐ Hacer fotos.
10. ☐ Ver una exposición.

Pues en mi ciudad la oferta de ocio es muy amplia. Por ejemplo, puedes ir de compras a...

1.2 **Todo el grupo** ¿Cuál es la oferta de ocio en tu ciudad? Cuéntaselo a la clase.

Fíjate: **tomar** = **comer** o **beber**

Gramática

> Fíjate:
> *A mí me gusta el café* o *Me gusta el café*, pero ~~*A mí gusta el café*~~.

1 *Gustar, encantar* e *interesar*

- Para **expresar gustos** usamos los verbos *gustar* y *encantar* y para **expresar intereses** el verbo *interesar*. Estos verbos tienen una construcción especial:

(a mí)	(no)	me	+	gust**a**	+ infinitivo/nombre singular
(a ti)		te		encant**a**	
(a él, ella, usted)		le		interes**a**	
(a nosotros/as)		nos		gust**an**	+ nombre plural
(a vosotros/as)		os		encant**an**	
(a ellos, ellas, ustedes)		les		interes**an**	

Me gusta jugar al tenis.
Me encanta el café.
Me interesan los libros de historia.

- El verbo ***encantar*** expresa el gusto en grado máximo: significa 'me gusta mucho'.

1.1 **En parejas ¿Qué cosas le gustan a Marta? ¿Qué cosas no le gustan? ¿Y qué le encanta?**

Ejemplo: *A Marta le gusta(n).../A Marta no le gusta(n)...*

RAE

LÉXICO

Español de España › baloncesto:
*David me espera solo en la pista de **baloncesto**, jugando a encestar con su pelota naranja de la NBA.*
Español de América › básquet: *Yo estoy lo más bien. Hago de todo, **básquet** y fútbol incluidos.*
Español de México › baloncesto, basquetbol o básquetbol:
*85 alumnos juegan fútbol, 65 juegan **básquetbol** y 50 no practican ninguno de estos deportes.*
Las tres palabras, baloncesto, basquetbol o básquetbol, se usan indistintamente en el mundo hispano.

1.2 **Completa las frases con el pronombre y la forma adecuada de los verbos *gustar, encantar* o *interesar*.**

1. .... (encantar, a mí) ir a exposiciones.
2. A Pedro .... (interesar) mucho el cine.
3. A nosotros .... (encantar) las hamburguesas con queso.
4. ▶ ¿........... .... (gustar, a ti) la sopa de marisco?
   ▷ ¡........... ....! (encantar, a mí)
5. El arte no .... (interesar) mucho a mis amigos. A ellos .... (gustar) más el fútbol.
6. A vosotros .... (gustar) mucho las tapas, ¿verdad?
7. A Sonia y a Paco .... (gustar) dormir la siesta después de comer.
8. A mi hermana y a mí .... (encantar) bailar.
9. ¿........... .... (interesar, a ustedes) la fotografía? Es que hay una exposición muy buena en el Museo de Arte Contemporáneo.
10. No .... (gustar, a mí) nada cantar en público.

2 Adverbios *mucho, bastante, poco, nada*

- Para graduar los gustos o intereses podemos usar los adverbios ***mucho*, *bastante*, *poco*** o ***nada***:
  - *Me gusta **mucho** el fútbol.*
  - *Me gusta **bastante** cocinar.*
  - *Me gusta **poco** bailar. = **No** me gusta **mucho** bailar.*
  - ***No** me gustan **nada** los deportes de riesgo.*
- Con el verbo ***encantar*** no se usan estos adverbios, porque ***encantar*** indica el grado máximo de satisfacción y, por tanto, no se puede graduar:
  - *Me encanta ~~mucho~~ el cine.*

2.1 [25] **Escucha la entrevista a la famosa escritora Aurora Valle sobre sus gustos y completa la tabla.**

	Mucho	Bastante	Poco	Nada
El cine	☐	☐	☐	☐
Ver películas en casa	☐	☐	☐	☐
La televisión	☐	☐	☐	☐
Las series	☐	☐	☐	☐

2.2 **En parejas** **Completa las siguientes frases según tus gustos. Luego compara con tu compañero/a. ¿Coincides con él/ella?**

Comer palomitas en el cine | La tele | Las series | Ver películas en casa | Los documentales | El cine

1. .... me encanta(n).
2. .... me gusta(n) mucho.
3. .... me gusta(n) bastante.
4. .... me gusta(n) poco.
5. .... no me gusta(n) mucho.
6. .... no me gusta(n) nada.

Practica en contexto

1 **En grupos pequeños** Lee lo que les gusta a estas personas y decide cuál es el mejor plan para ellas. Justifica tu respuesta.

A mí marido y a mí nos encanta la música clásica. Por eso, siempre que podemos, vamos a escuchar un concierto al auditorio o a la ópera. También nos gusta el teatro y la danza clásica... ¡No entendemos la danza moderna!

Arturo y Mercedes

A mí me encanta el teatro, pero no me gusta nada el teatro clásico porque es muy aburrido. También me gusta el cine clásico y europeo.

Ana

A mi nieta le gustan mucho las obras de teatro infantil y las actividades para niños de los museos, pero yo prefiero ir con ella a ver conciertos porque me encanta la música. También me gusta ir al zoo y las películas para niños, que a las dos nos encantan.

Maite y Lidia

A nosotros nos encanta ir a exposiciones. Nos interesa todo tipo de arte, pero, sobre todo, nos gustan las exposiciones de fotografías antiguas. También nos gusta ir a conciertos de música *rock* y *pop* y bailar *swing*.

Luis y Olivia

Música

NOCHES DE *JAZZ*

Conciertos viernes, sábados y domingos

Lugar: Sala Caracola

23:30 h

ORQUESTA SINFÓNICA

Obras de Prokófiev y Rajmáninov

Lugar: Auditorio Nacional

20:30 h

***ROCK* EN DIRECTO**

Conciertos viernes y sábados

Lugar: Sala Rock-Ola

22:30 h

Cine

CINE CAPITOL

Spiderman 3

Director: S. Raimi

País: Estados Unidos

No recomendada para menores de 13 años.

CINE EN FAMILIA

El ratoncito Pérez

Director: J. P. Buscarini

País: Argentina

Apta para todos los públicos.

FILMOTECA

La cena de los idiotas

Director: F. Veber

País: Francia

No recomendada para menores de 13 años.

Teatro y danza

COMPAÑÍA NACIONAL DE TEATRO CLÁSICO

La dama duende

Lugar: Teatro de la Comedia

20:00 h

TEATRO INFANTIL

Los cuentilocos

Lugar: Teatro Victoria

17:00 h

DANZA CONTEMPORÁNEA

All Ways

Lugar: Teatros del Canal

19:00 h

Museos y salas de exposiciones

ARTE CONTEMPORÁNEO

David Bestué

Lugar: Museo Reina Sofía

Horario: de 10:00 a 21:00 h

FOTOGRAFÍA

Instagramers gallery

Lugar: Fundación Telefónica

Horario: de 10:00 a 20:00 h

TALLER: MUSEO EN FAMILIA

Cuentos con historia

Lugar: Museo Arqueológico Nacional

Horario: de 18:00 a 19:45 h

2 Escucha la entrevista que realizan a estas personas y completa la tabla.

[26]

Le gusta mucho · Le gusta · No le gusta · No le gusta nada

Actividades	Él: Le gusta mucho	Él: Le gusta	Él: No le gusta	Él: No le gusta nada	Ella: Le gusta mucho	Ella: Le gusta	Ella: No le gusta	Ella: No le gusta nada
Salir con amigos.								
Ir al cine.								
Pasear por la ciudad.								
Salir a correr.								
Ir a discotecas.								
Ir a un concierto.								
Ver la televisión.								
Chatear.								

2.1 Vuelve a escuchar el audio y anota en qué gustos coinciden y en cuáles no.

[26]

Salir con amigos.	SÍ	NO	Ir a discotecas.	SÍ	NO
Ir al cine.	SÍ	NO	ir a un concierto.	SÍ	NO
Pasear por la ciudad.	SÍ	NO	Ver la televisión.	SÍ	NO
Salir a correr.	SÍ	NO	Chatear.	SÍ	NO

Expresar gustos iguales

- **Yo/A mí también**
  - ▶ *Yo voy al cine todos los fines de semana.*
  - ▷ *Yo también.*
  - ▶ *A mí me encanta la paella.*
  - ▷ *A mí también.*
- **Yo/A mí tampoco**
  - ▶ *Yo nunca tomo café.*
  - ▷ *Yo tampoco.*
  - ▶ *A mí no me gusta nada el pulpo.*
  - ▷ *A mí tampoco.*

Expresar gustos diferentes

- **Yo/A mí sí**
  - ▶ *Yo no tomo el café con leche.*
  - ▷ *Yo sí.*
  - ▶ *A mí no me gusta nada el pulpo.*
  - ▷ *A mí sí.*
- **Yo/A mí no**
  - ▶ *Yo tomo el café con leche.*
  - ▷ *Yo no.*
  - ▶ *A mí me encanta la paella.*
  - ▷ *A mí no.*

3 **Todo el grupo** Diles a tus compañeros lo que te gusta y no te gusta hacer en tu tiempo libre y reacciona a lo que ellos te cuentan.

▶ *Lo que más me gusta hacer en mi tiempo libre es ir a conciertos.*
▷ *Pues a mí no. Me gusta más hacer ejercicio en el gimnasio. Me divierte mucho.*
▶ *A mí también. Pero si hace frío, me gusta quedarme en casa y jugar a los videojuegos.*

4 Lee la carta del bar San Isidro y contesta a las siguientes preguntas.

TAPAS Y RACIONES

Patatas con alioli	4.50 €	Pincho de tortilla	3.50 €
Tabla de ibéricos	19.50 €	Calamares a la romana	7.80 €
Tabla de quesos	12.50 €	Croquetas de jamón	15 €

SÁNDWICHES Y BOCADILLOS

Sándwich mixto (jamón y queso)	3 €	Bocadillos de tortilla, atún, queso o jamón	3.50 €
Sándwich mixto con huevo	3.50 €		
Sándwich vegetal	3.50 €		

Hamburguesas (todas las hamburguesas se sirven con patatas fritas o ensalada)

Sencilla (tomate, cebolla y lechuga)	7 €
San Isidro (tomate, queso, beicon, cebolla y lechuga)	8.50 €

BEBIDAS Y REFRESCOS

Refrescos, zumo de naranja	2.50 €
Agua con gas/sin gas	1.80 €
Caña de cerveza	1.60 €
Caña de cerveza sin alcohol	1.60 €

CAFÉ E INFUSIONES

Café solo	1.30 €
Café con leche o cortado	1.40 €
Té, menta-poleo, tila, manzanilla	1.30 €

Menú del día

PRIMEROS
Huevos Benedictine
Paella de marisco
Crema de verduras

SEGUNDOS
Salmón a la plancha
Pollo asado con patatas
Entrecot de ternera con salsa de setas

POSTRE
Flan casero
Tarta casera de chocolate
Arroz con leche casero
Piña, naranja o melón naturales

Precio: **11.90 €**
El precio incluye pan, bebida y postre o café.

1. ¿Qué platos son de carne?
2. ¿Qué platos son de pescado?
3. ¿Qué fruta puedes comer?

4.1 [27] Escucha estos dos diálogos entre un camarero y unos clientes y responde a las preguntas de cada diálogo.

	Diálogo 1	Diálogo 2
¿Qué comen?		
¿Qué beben?		
¿Cuánto es todo?		

RAE **LÉXICO**

Español de España y América › tarta/pastel:
*De postre una **tarta** de almendras excelente.*
*Allí estaba mi madre, haciendo un **pastel** que olía delicioso y cantando.*
Español de América › torta:
*La **torta** de boda tiene cuatro enormes pisos.*
Español de Honduras › queque:
*Eliminar galletas dulces, **queques**...*

Español de España › tapa:
*Pasear por la ciudad y pararse a tomar unas **tapas** en alguno de los bares que han hecho de estas todo un arte.*
Español de América › botana:
*Para abrir el apetito te presentamos esta gran variedad de **botanas**.*
Español de Venezuela › pasapalos:
Una cena servida, un buffet *o estaciones de distintas comidas y un cóctel con **pasapalos** son las formas más usuales.*

4.2 **En grupos pequeños** Imagina que es la hora de comer y vas al bar San Isidro. Elige con tus compañeros una situación y pide la comida y la bebida que quieres tomar. Otro/a compañero/a hará de camarero/a.

> Estás con una amiga. Tú eres vegetariano/a y no te gustan nada los refrescos con azúcar. A tu amiga no le gusta el queso y le gusta tomar un café después de comer.

> Hoy tienes tiempo para comer tranquilamente con tu pareja. Tú tienes alergia al marisco. A tu pareja no le gusta mucho la carne y prefiere el pescado.

> Vas al bar con tu compañero de trabajo. No tenéis tiempo para comer el menú del día. A ti te encanta la carne, pero no te gusta la cebolla. A tu compañero le encanta la tortilla de patatas.

> Tu amiga y tú sois estudiantes. Queréis tomar tapas, pero solo tenéis 20 € entre los dos. A los dos os gustan mucho los refrescos de naranja.

> Vas con un amigo. Es tarde y ya no sirven el menú del día. A ti te gusta el pescado y a tu amigo no le gusta el queso. No os gusta comer con agua.

Preguntar por la comida y la bebida (camarero/a)

- **¿Qué quieres/queréis** tomar? (Informal). **¿Qué quiere/quieren** tomar? (Formal).
- **¿Y de** segundo/beber/postre?
- **¿Quieres/Queréis** tomar café/**algo más?** (Informal).
- **¿Quiere/Quieren** tomar café/algo más? (Formal).

Pedir en bares y restaurantes (cliente)

- (**De** primero/segundo/beber/postre) **Yo** (quiero)...
- **Para mí**...

Pedir una explicación

- **¿De qué es** la tarta de la casa/**son** los bocadillos?
- **Una pregunta:** ¿qué es/son...?

Pedir la cuenta

- **¿Cuánto es (todo)?** (Informal).
- **La cuenta**, por favor.
- **¿Me/Nos trae la cuenta**, por favor? (Formal).

5 ¿Sabes qué es la "comida rápida"? Completa esta encuesta para una cadena de restaurantes de comida rápida.

ENCUESTA SOBRE CONSUMO DE COMIDA RÁPIDA

TACOS CAFÉ

1. ¿Con qué frecuencia consume comida rápida a la semana?
   ☐ 1 o 2 días. ☐ 3 o 4 días.
   ☐ 5 o más días. ☐ Nunca.
2. ¿Dónde come normalmente comida rápida?
   ....
3. ¿Qué opina de la comida rápida?
   ☐ Me gusta mucho. ☐ Me gusta.
   ☐ No me gusta mucho. ☐ No me gusta nada.
4. ¿Qué le parece más importante cuando consume comida rápida? Puntúe de 4 (muy importante) a 1 (poco importante).
   Sabor ☐ Calidad ☐ Precio ☐
5. Puntúe estos productos de comida rápida de 5 (me encanta) a 1 (no me gusta nada).
   Hamburguesa ☐ *Pizza* ☐ Sándwich ☐ Perrito caliente ☐
6. ¿Cuándo consume productos de comida rápida?
   ☐ Por la mañana. ☐ A mediodía. ☐ Por la tarde. ☐ Por la noche.
7. ¿Cuánto dinero gasta de media a la semana en comida rápida? ....
8. ¿Cuál es el restaurante de comida rápida que prefiere? ....

5.1 **Todo el grupo** Ahora compara el resultado de tu encuesta con la de tus compañeros.

¿Cuántos comen comida rápida? ¿Con qué frecuencia?

....

....

¿A cuántos les gusta la comida rápida? ¿Dónde comen? ¿Cuándo?

....

....

¿Se consume comida rápida porque es más barata?

....

....

¿Cuáles son las conclusiones?

....

....

....

Nos vamos de tapas

1 Solo uno de estos platos es una tapa, ¿cuál? ¿Por qué?

1

2

3

¿Sabías que...?

Una tapa es un aperitivo que se sirve con la bebida. En algunas ciudades la tapa es gratuita. La tapa de mayor tamaño y que se comparte entre varias personas se llama ración. Es bastante habitual salir a cenar o a comer tapas los fines de semana; esta forma de comer se llama tapear o ir de tapas. En algunas zonas del norte de España las tapas se llaman pinchos (*pintxos* en euskera) y no son gratuitos.

Croquetas

Son porciones de masa hecha con bechamel y un picadillo de diversos ingredientes que se rebozan en huevo y pan rallado y se fríen en aceite. Las más populares son las de jamón, bacalao y pollo.

Pulpo a la gallega

Es un plato típico de Galicia, aunque se come en toda España. El pulpo se cuece, se trocea y se sirve con pimentón por encima. A veces también se sirve con patatas cocidas.

Patatas bravas

Son patatas fritas que se sirven con una salsa picante, llamada salsa brava. Se sirven calientes y en algunas zonas de España se añade salsa alioli.

Pimientos de Padrón

Son pimientos verdes pequeños que suelen hacerse a la plancha o fritos. Algunos son particularmente picantes. Por eso, suele decirse que "los pimientos de Padrón, unos pican y otros no".

Huevos estrellados

Son huevos fritos acompañados generalmente de patatas fritas y jamón ibérico. A veces el jamón se sustituye por otros ingredientes como chorizo, setas o gulas.

2 **Todo el grupo** ¿Es habitual en tu país comer tapas? ¿Existe algo similar? ¿Es habitual comer en los bares?

3 **Todo el grupo** Vamos a hacer un listado de tapas de la clase. Piensa en un plato de tu país que se pueda servir como tapa y preséntaselo a la clase. Luego tu profesor/a recogerá todas las propuestas para hacer una lista con las tapas que se ofrecen.

Nombre de la tapa	Ingredientes	Precio

Vídeo

HOSTAL Babel

Unas tapas muy ricas

Antes del vídeo

1 **En parejas** Hoy nuestros amigos Tere y Hugo van a visitar a Carla en su lugar de trabajo. Observa la fotografía y habla con tu compañero/a sobre las cuestiones que te proponemos.

1.1 ¿Cómo es el lugar? Selecciona adjetivos del cuadro.

☐ ruidoso	☐ luminoso	☐ acogedor	☐ original	☐ bonito
☐ agradable	☐ tranquilo	☐ moderno	☐ clásico	☐ viejo

1.2 ¿Qué objetos hay? Márcalos.

☐ armario ☐ sofá ☐ barra ☐ ventana ☐ aire acondicionado

☐ silla ☐ lámpara ☐ puerta ☐ mesa ☐ planta

2 **En grupos pequeños** ¿Te gusta esta cafetería? ¿Cómo se llama tu cafetería favorita? ¿Cómo es? ¿Qué se puede tomar en ella? Cuéntaselo a tus compañeros de grupo.

Durante el vídeo

3 Visiona el fragmento 00:30 ▶ 01:15. ¿Qué dice siempre Carla?

1. "En la cafetería .... muy bien".
2. "Me .... la cafetería donde trabajo".
3. "Trabajo de ....".

Fíjate:
¿Qué palabra utiliza Hugo para hablar de la profesión de Carla?
....

6

4 ¿De qué comidas hablan Tere, Carla y Hugo? Visiona el fragmento 02:06 ▶ final y márcalas en el siguiente menú.

TAPAS

- jamón ibérico
- paella de marisco
- huevos estrellados
- pincho de tortilla
- patatas bravas
- croquetas
- tabla de quesos
- pulpo a la gallega

SÁNDWICHES

- mixto
- vegetal
- mixto con huevo

HAMBURGUESAS

- normal (lechuga, tomate y cebolla)
- normal con queso
- especial (cebolla, lechuga, pepinillo y tomate)

(Todas las hamburguesas se sirven acompañadas de patatas hervidas y ensalada)

5 ¿Qué pide Tere? ¿Y Hugo? Visiona de nuevo el fragmento y escríbelo.

	Tere	Hugo
De beber		
De comer		

6 **En parejas** ¿Qué productos no puede comer Hugo? ¿Cuáles sí? Escribe debajo de las imágenes si puede comer o no los alimentos y justifica tu respuesta. Puedes volver a visionar el fragmento 01:39 ▶ final.

1 

No, porque la hamburguesa lleva carne y pan blanco.

2 

3 

4 

5 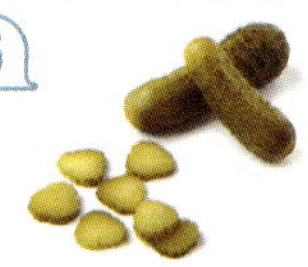

6 

7 

8 

9 

10 

Después del vídeo

7 **En grupos pequeños** Como ves, Hugo tiene muchos problemas para comer cuando sale. ¿Puedes ayudarlo? Piensa con tus compañeros en la carta de una cafetería en la que pueda comer una persona vegana.

7.1 **Todo el grupo** Ahora presenta tu propuesta a la clase.

Evaluación

1 Relaciona las palabras de las columnas.

1. flan
2. tarta
3. agua
4. pescado/carne/verduras
5. sopa/crema
6. tortilla
7. pollo
8. sándwich

a. mixto
b. con gas/sin gas
c. de patatas/francesa
d. casero
e. con patatas/con ensalada
f. de chocolate
g. de marisco/de verduras
h. a la plancha/a la parrilla

2 Completa el crucigrama.

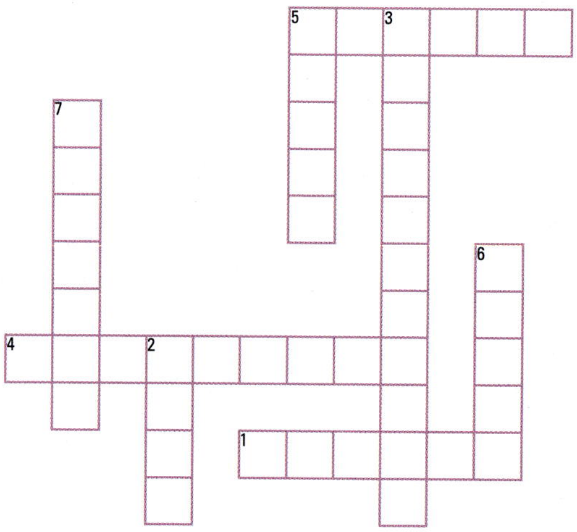

1. Lugar donde puedes ver una obra de teatro.
2. Lugar donde puedes ver una película.
3. Lugar donde puedes comer o cenar fuera de casa.
4. Lugar donde puedes bailar.
5. (Vertical) Lugar donde puedes nadar, pasear, tomar el sol o hacer surf.
5. (Horizontal) Lugar donde puedes pasear, montar en bici, practicar deporte.
6. Lugar donde puedes ver una exposición.
7. Lugar donde puedes ver un partido de fútbol y animar a tu equipo.

3 Elige la forma adecuada de los verbos *gustar*, *encantar* e *interesar*.

1. Me **encanta/encantan** tomar pinchos con los amigos.
2. A mi vecina le **interesa/interesan** los documentales de animales.
3. A mis gatos no les **gusta/gustan** mucho el pescado.
4. A mi hija le **gusta/gustan** los dibujos animados de Peppa Pig.
5. A mis perros les **encanta/encantan** salir a dar paseos.
6. No me **interesa/interesan** los deportes.
7. ▶ ¿A ti te **gusta/gustan** los huevos rotos?
   ▷ No, la verdad es que no me **gusta/gustan** mucho. Prefiero la tortilla de patatas.

4 Lee las frases y reacciona según tus gustos con *a mí también, a mí tampoco, a mí sí, a mí no.*

1. ▶ No me gusta la carne. ▷ ....
2. ▶ A mis amigos y a mí nos gusta ir al cine. ▷ ....
3. ▶ A Rocío le gusta bailar *swing*. ▷ ....

4. ▶ Me encantan los coches deportivos. ▷ ....
5. ▶ A mi profesora le interesa la literatura rusa. ▷ ....
6. ▶ A Jorge no le gusta nada el chocolate. ▷ ....
7. ▶ Me gustan muchos los insectos. ▷ ....

5 Completa el siguiente diálogo entre un camarero y unos clientes.

¿Y de segundo? | ¿Y de beber? | ¿La paella es de marisco? | Sin gas, por favor. | Para mí, agua. | Yo, de primero, quiero la ensalada mixta.

▶ Hola, buenos días.
▷ Buenos días.
▶ ¿Qué quieren tomar?
▷ [1] ....
▶ Muy bien. ¿Y usted?
▷ Para mí las verduras a la parrilla.
▶ [2] ....
▷ Para mí la merluza a la plancha.
▷ [3] ....
▶ Sí.
▷ Pues yo quiero la paella.
▶ [4] ....
▷ Yo, un refresco de naranja.
▶ ¿Y para usted?
▷ [5] ....
▶ ¿Con gas o sin gas?
▷ [6] ....
▶ Muy bien, pues ahora mismo les traigo la bebida.
▷ Gracias.

6 Escribe lo que te gusta hacer en tu tiempo libre.

....
....
....

7 Elige la opción correcta.

1. Las raciones...
   a. son individuales. b. son para compartir.
2. La forma de comer yendo de bar en bar se llama...
   a. ir de tapas. b. comer tapas.
3. Los pinchos son típicos del...
   a. sur de España. b. norte de España.
4. Los pinchos...
   a. son gratuitos.
   b. cuestan dinero.
5. Las croquetas más populares son las de...
   a. queso. b. jamón.
6. El pulpo a la gallega es un plato muy popular...
   a. en toda España. b. solo en Galicia.
7. Las patatas bravas se sirven...
   a. frías. b. calientes.
8. Los pimientos de Padrón...
   a. son todos picantes. b. solo pican algunos.
9. Los huevos estrellados llevan generalmente...
   a. patatas fritas y jamón ibérico.
   b. salsa alioli.

Unidad

7 Buenas intenciones

¿Te gusta planificar o prefieres improvisar?

¿Qué planes tienes para las próximas vacaciones?

¿Qué obligaciones tienes?

¿Piensas hacer algún cambio en tu vida?

En esta unidad vas a. . .

- Hablar de planes y proyectos en un futuro inmediato
- Expresar intenciones, deseos y obligaciones
- Hacer sugerencias
- Proponer un plan, aceptarlo o rechazarlo
- Expresar opinión y valoración
- Conocer el parque nacional Canaima (Venezuela)

¿Qué sabes?

1 [28] Vas a escuchar tres diálogos en los que Ramón, Susana y Ángel nos hablan de deseos, de obligaciones y de planes. Escucha el audio y corrige la información falsa.

1.1 **Todo el grupo** Mira las imágenes de la actividad anterior y completa la tabla. ¿Coincides con tus compañeros?

¿Quién habla de deseos?	¿Quién habla de obligación?
☐ Ramón	☐ Ramón
☐ Susana	☐ Susana
☐ Ángel	☐ Ángel

2 **En parejas** Lee estas dos propuestas de ocio para el domingo y completa la conversación que tienen por WhatsApp Susana y una amiga suya. Luego compara con tu compañero/a.

Concurso de fotografía

Lleva tu cámara instantánea y haz fotografías de una persona, un animal, un árbol y una flor. Entrégalas antes de las 19:00 horas del domingo en cualquiera de nuestras tiendas. A los autores de las mejores fotografías de cada sección les espera un regalo sorpresa.
Inscripción gratuita en www.rapidfoto.com

Ruta en bicicleta por el centro

Saca tu bici a la calle el próximo domingo y participa en la carrera popular del Día sin Coches. Salida a las 10 de la mañana desde la Plaza Mayor y recorrido de 20 km por las calles de la ciudad. Inscripción: 5 €.
www.bicletada-sincoches.org

Voy a...

¿Quieres participar en un [1] .... el domingo?

Lo siento, no puedo. El domingo voy a participar en una carrera en bicicleta.

¡Qué pena! Va a ser muy divertido. ¿A qué hora empieza la carrera?

A las [2] ....

¡Ah, bueno! Entonces no hay problema porque el concurso termina a las [3] .... ¿Te apetece?

Sí, vale, ¿por qué no? ¿Y qué hay que fotografiar?

Pues hay que hacer fotos de [4] ...., [5] ...., [6] .... y [7] ....

Genial.

Vale. Luego te llamo y hablamos, que ahora tengo que sacar al perro.

¿Quién habla de planes?

- ☐ Ramón
- ☐ Susana
- ☐ Ángel

RAE **LÉXICO**

Español de España › hablar: *Marta Rodríguez **habla** con su hijo casi todos los días e incluso le ayuda con los deberes.*
Español de México › platicar: *Pero es con el celular en la mano como los niños y jóvenes de ahora **platican**, ríen, manifiestan sus temores...*

2.1 **Todo el grupo** ¿Qué propuesta te gusta más a ti? ¿Por qué?

Palabras

1 **En grupos pequeños** Estos son algunos objetos que llevamos normalmente cuando hacemos una excursión o vamos a la playa. ¿Sabes cómo se llaman en español? Con tus compañeros de grupo, escribe el nombre correspondiente.

1 ....

2 ....

3 ....

4 ....

5 ....

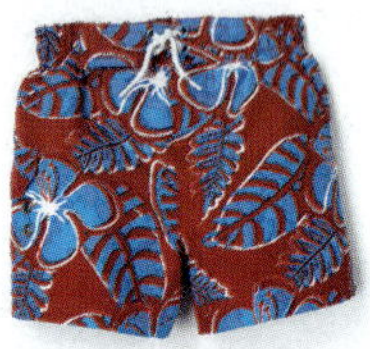

6 ....

7 ....

8 ....

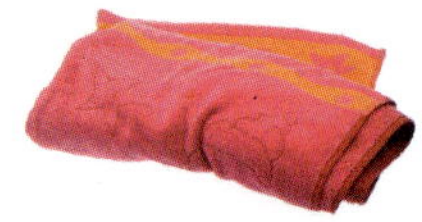

9 ....

10 ....

11 ....

12 ....

13 ....

1.1 **En parejas** ¿Qué otras cosas se pueden llevar de excursión? Piensa en las excursiones que haces normalmente y haz una lista con tu compañero/a.

RAE

LÉXICO

Español de España › linterna: *El garaje está como boca de lobo. Tengo que comprarme una **linterna** para estos casos.*
Español de México › lámpara: *Trae guantes, botas altas, un arnés en el pecho y una **lámpara** en el casco, que le protege la cabeza.*

Español de España › bañador/traje de baño: *Regresábamos a casa con los **bañadores** todavía húmedos.*
Español de Argentina › malla: *Marta se compró la **malla** de baño.*

1.2 [29] Escucha la conversación entre Inma y una amiga suya sobre la excursión que va a hacer este fin de semana y completa la información del programa con lo que tiene que llevar.

TRAVESÍA EN PIRAGUA

2 días con acampada en el río Guadiela (Cuenca) - 90 €/persona

Recorrido total de 25 km en dos etapas con comidas incluidas.

En esta excursión vamos a:

- recorrer la parte más bonita y espectacular del río Guadiela;
- observar el vuelo de los buitres;
- acampar bajo las estrellas;
- bañarnos en el río.

Material necesario:

- ropa cómoda, ..., ... y chanclas;
- protector solar y ....;
- calzado deportivo y ropa de abrigo para la noche;
- linterna;
- ....;
- prismáticos.

2 **Todo el grupo** Lee los comentarios de estos estudiantes sobre lo que les gusta y lo que no les gusta hacer en la clase de español. ¿Con quién te identificas? ¿Por qué?

"A mí me gusta mucho trabajar en parejas porque también aprendo mucho de mis compañeros. También me gusta hablar en clase y escribir mensajes en las redes sociales".

"Yo prefiero estudiar gramática y vocabulario por internet en casa. Hay muchas aplicaciones que son gratis. En clase me gusta hablar y hacer ejercicios".

"A mí me gusta ir a clase para escuchar y preguntar las dudas al profesor. También me gusta hacer los deberes en casa, leer libros y escribir mi diario en español".

"A mí me gusta repetir la lección en casa y hacer actividades interactivas en el ordenador".

"A mí me gusta practicar mi español en cualquier situación y hacer intercambios de idiomas, pero odio hacer exámenes".

"Yo siempre busco en el diccionario las palabras que no entiendo, pero no es útil para entender las audiciones en clase. Por eso, mi profesora dice que tengo que escuchar la radio y ver más la tele para mejorar".

2.1 **En parejas** ¿Qué combinaciones de palabras se pueden hacer con estos verbos? Escríbelas en la tabla. Puede haber varias combinaciones. Trabaja con tu compañero/a.

a un/a compañero/a | los deberes | comentarios | preguntas | en grupo | ejercicios
la radio | música | al/a la profesor/a | una actividad | notas | gramática | con un/a nativo/a
información en internet | un intercambio con un/a nativo/a | de mis compañeros | palabras
libros y revistas | mensajes | canciones | palabras en el diccionario | en clase | en parejas

Hacer	Hablar	Leer	Escribir	Escuchar	Preguntar	Aprender	Buscar	Trabajar
			a un/a compañero/a	a un/a compañero/a	a un/a compañero/a			

2.2 **En grupos pequeños** Y a ti, ¿qué te gusta hacer en la clase de español? ¿Qué no? Utiliza las combinaciones de palabras anteriores.

Gramática

Recuerda:

- Los días de la semana son *lunes*, *martes*, *miércoles*, *jueves*, *viernes*, *sábado* y *domingo*.
- Los meses del año son *enero*, *febrero*, *marzo*, *abril*, *mayo*, *junio*, *julio*, *agosto*, *septiembre*, *octubre*, *noviembre* y *diciembre*.

Fíjate:

Las estaciones del año son *primavera*, *verano*, *otoño* e *invierno*.

1 *Ir a* + infinitivo

- Para **hablar de planes y proyectos en un futuro próximo** puedes utilizar *ir a* + infinitivo:

  *Este fin de semana **voy a ir** a la playa.*

  También se usa esta estructura cuando algo va a ocurrir de manera inminente:

  *El tren **va a salir**.*

  Recuerda que el verbo *ir* es irregular en presente: *voy*, *vas*, *va*, *vamos*, *vais*, *van*.

- Para hablar del **futuro** puedes utilizar **marcadores temporales** como:
  - esta tarde/noche
  - este fin de semana/verano/lunes...
  - el próximo año/la próxima semana...
  - el año/la semana que viene...
  - el lunes, el martes...
  - en enero/febrero...
  - en verano/invierno...
  - mañana

  Con estos marcadores se puede usar el presente de indicativo para **hablar de futuro** cuando lo presentamos como algo seguro:

  *El domingo **como** con mis padres.*

1.1 **En parejas** Observa la imagen. ¿Qué va a hacer Silvia este fin de semana?

1.2 **Todo el grupo** ¿Y tú? ¿Qué vas a hacer este fin de semana? Cuéntaselo a la clase.

2 *Tener que* + infinitivo

- Para expresar **obligación** o **necesidad** puedes utilizar ***tener que*** + infinitivo:

  Tengo que hacer *los deberes para mañana.* (Obligación)

  Tengo que hacer *la compra sin falta porque no hay nada en la nevera.* (Necesidad)

Recuerda que el verbo ***tener*** es irregular en presente: ***tengo***, *tienes*, *tiene*, *tenemos*, *tenéis*, *tienen*.

2.1 **Pablo es guía turístico. Mira su agenda y escribe en tu cuaderno las cosas que tiene que hacer esta semana.**

Lunes	Martes	Miércoles	Jueves	Viernes
10:00 Recoger al grupo de Japón en el aeropuerto.	11:00 Visita al museo arqueológico.	9:00 Visita guiada a bodegas.	9:30 Recorrido por el centro de la ciudad.	12:00 Llevar al grupo de Japón al aeropuerto.
Tarde Supermercado: leche, huevos, carne, pescado.	15:00 Recoger a los niños de la escuela. 17:30 Dentista.	17:30 Llevar a mamá al médico.	**Tarde** Cumpleaños de Carlota: ¡¡llamar!!	**Tarde** Comprar zapatos a los niños.

Ejemplo: *El lunes por la mañana Pablo tiene que…*

2.2 **En parejas** **Escribe una lista con las cosas que tienes que hacer esta semana. Después compárala con la de tu compañero/a.**

3 *Querer* + infinitivo

- Para expresar **deseos** puedes utilizar ***querer*** + infinitivo:

  *El próximo año **quiero trabajar** menos y **viajar** más.*

Recuerda que el verbo ***querer*** es irregular en presente: *quiero*, *quieres*, *quiere*, *queremos*, *queréis*, *quieren*.

3.1 **Relaciona los deseos con las personas de las imágenes.**

a. Quieren ir al cine.
b. Quieren estudiar chino.
c. Quieren comer *pizza*.
d. Quieren ser cocineros.
e. Quieren beber algo.
f. Quieren trabajar menos.
g. Quieren hacer un pícnic.
h. Quieren ir de compras.
i. Quieren viajar.

3.2 **Todo el grupo** **¿Qué deseos tienes tú? Escribe en un papel tres cosas que quieres y dáselo a tu profesor/a. Él/Ella leerá los deseos sin decir el nombre de la persona que los ha escrito. ¿De quién crees que son los deseos? ¿Por qué?**

Practica en contexto

1 **En parejas** Félix es fotógrafo profesional y trabaja para una prestigiosa revista de naturaleza. Lee la información y responde a las preguntas. Trabaja con tu compañero/a.

Destino: Parque nacional de los Picos de Europa.

Objetivo: Hacer fotos de animales (oso pardo, lobo, cabra, etc.) para un reportaje.

Duración: 3 días.

Alojamiento: *Camping*.

Medio de transporte: Coche.

Material necesario: Cámara de fotos, tienda de campaña, mochila, botas de montaña, ropa cómoda y de abrigo, linterna, prismáticos, cuaderno de notas.

Para **expresar necesidad** también puedes usar ***necesitar*** + nombre/infinitivo:
*Félix **necesita ropa de abrigo/abrigarse** porque por la noche hace frío en la montaña.*

- ¿A dónde va a ir?
- ¿Cuántos días va a estar?
- ¿Cómo va a ir?
- ¿Dónde va a alojarse?
- ¿Qué tiene que hacer?
- ¿Qué necesita?

1.1 Escribe una entrada en el blog de Félix para contar lo que va a hacer.

El blog de Félix Martes, 28 de noviembre

¡Me voy a los Picos de Europa!

¡Qué bien! Este fin de semana voy a ir a uno de los parques nacionales más bonitos de España: los Picos de Europa. Allí voy a ....

....

....

Por cierto, necesito una tienda de campaña, ¿alguien tiene una para dejármela?

¡Saludos a todos!

Publicado a las 15:02

1.2 **Todo el grupo** Este es un resumen de las condiciones climáticas y orográficas de los Picos de Europa. Léelo. ¿Crees que Félix tiene que llevar algo más? Justifica tus respuestas.

Picos de Europa es un grupo de montañas de paredes verticales situado en el norte de España, muy próximo al mar Cantábrico. Esa proximidad al mar le da unas características muy peculiares: son frecuentes las nieblas y los mares de nubes que quedan por debajo de nosotros cuando subimos a una cumbre. El viento húmedo provoca cambios de tiempo muy bruscos y a veces difíciles de predecir con exactitud. Además, hay que tener en cuenta que, durante el trayecto, no hay ningún lugar en el que poder comprar alimentos.

2 Lee la información de estas excursiones para el fin de semana y señala las afirmaciones verdaderas.

CUEVAS DEL DRACH
(Islas Baleares)
Incluye un paseo en barca a través del lago Martel y un concierto de música clásica.
- Duración de la visita: 1 hora.
- Información práctica: la temperatura interior es de unos 21 °C y la humedad del 80 %. Las visitas son colectivas pero no guiadas.

COVALEDA Y NAVALENO
(Soria)
Respira entre pinos y aprende a recolectar setas con la ayuda de expertos.
- Material necesario para la actividad: agua, botas, mochila, ropa cómoda, ropa de abrigo.
- Precio: 20 € (el precio incluye la cesta y la navaja).

PARQUE NATURAL ISLAS CÍES
(Pontevedra)
Puedes bañarte en sus playas de aguas azules y bucear, hacer senderismo, excursiones en kayak y ver aves y fauna marinas. Ten en cuenta que solo se puede llegar por mar. Los ferris hacen rutas diarias de junio a septiembre, en Semana Santa y los fines de semana de mayo.

1. ☐ Hay que llevar navaja y cesta para coger setas.
2. ☐ Puedes visitar el parque natural en transporte público durante todo el año.
3. ☐ La visita a las cuevas no incluye un/a guía.

2.1 [30] Escucha el audio y di qué plan le proponen a cada una de las personas y si lo aceptan o lo rechazan.

RAE

COMUNICACIÓN

Teniendo en cuenta la frecuencia de aparición de estas expresiones, podemos encontrar algunas diferencias.
- Para proponer o sugerir planes:
  Español de Argentina › tener ganas de:
  *¿**Tenés ganas de** ver una película?*
  Español de México › gustar: *¿**Te gustaría** ver una película?*
- Para aceptar una propuesta o invitación:
  Español de Argentina › Sí; De acuerdo; Ok; Buenísimo; (Está) Bárbaro:
  ▶ *¿Tenés ganas de ir al cine? ¿Qué te parece?*
  ▷ ***Está bárbaro.***
  Español de México › Sí, claro; ¿Por qué no?; Sale, vamos:
  ***Sale, vamos,** pero tengo que regresar temprano.*

Preguntar por planes e intenciones
- ¿***Va(s) a*** + infinitivo?
  *¿**Vas a estar** aquí el fin de semana?*
- **¿Verbo en presente + marcador temporal de futuro?**
  *¿**Haces** algo **mañana**?*

Proponer y sugerir planes
- ¿***Quiere(s)*** + infinitivo/nombre?
  *¿**Quieres ir** conmigo al teatro?*
- ¿***Te/Le apetece*** + infinitivo/nombre?
  *¿**Te apetece** un paseo por el parque?*

Aceptar una propuesta o invitación
- (Sí,) **Vale.**
- **De acuerdo.**
- **Vale, ¿por qué no?**
- **Bueno, vale, pero...**

Rechazar una propuesta o invitación
- *(No,)* ***Lo siento, es que*** + explicación
  ▶ *¿Quieres salir a tomar algo?*
  ▷ *No, lo siento, es que tengo que estudiar.*

Como puedes observar en el ejemplo anterior, cuando se rechaza una propuesta o invitación es necesario justificar el rechazo. Lo habitual es usar ***es que***.

2.2 **En parejas** Piensa un plan para este fin de semana y propónselo a tu compañero/a. Él/Ella lo aceptará o lo rechazará según su agenda y sus gustos.

2.3 **En grupos pequeños** Ahora piensa con tus compañeros de grupo en una excursión para este fin de semana. ¿Dónde vais a ir? ¿En qué medio de transporte? ¿Qué vais a hacer? ¿Dónde vais a alojaros? ¿Qué cosas vais a necesitar? Después contádselo a la clase.

Para **expresar la intención de hacer algo en el futuro** puedes utilizar la estructura ***pensar*** + infinitivo:

*El próximo año **pienso estudiar** francés.*

Recuerda:

El verbo *pensar* es irregular en presente: ***pie**nso, **pie**nsas, **pie**nsa, pensamos, pensáis, **pie**nsan.*

3 Hoy es 31 de diciembre y todas estas personas tienen muy buenas intenciones para el nuevo año. Léelas y relaciónalas con las fotos.

- [ ] "El próximo año pienso afeitarme la barba".
- [ ] "El año que viene pienso tomar más comida sana".
- [ ] "El próximo año pienso dejar el tabaco".
- [ ] "El próximo año pienso ir al gimnasio".
- [ ] "El año que viene pienso adelgazar unos kilos, que tengo sobrepeso".
- [ ] "Este año pienso ahorrar para cambiar de coche".

3.1 **Todo el grupo** **¿Qué intenciones tienes tú para el próximo año? Cuéntaselo a la clase.**

3.2 **Lee los comentarios de estas personas para saber qué costumbres tienen cuando reciben el año nuevo.**

Puedes **expresar obligación o necesidad** de manera general con ***hay que*** + infinitivo:

*En España **hay que** tomar doce uvas, una por cada campanada.*

"En Japón hay que empezar el año sin deudas y con una casa purificada, así que unos días antes de Año Nuevo tenemos que ocuparnos de esos asuntos".

"En México hay que usar ropa interior amarilla, pero si quieres tener suerte en el amor tienes que llevar ropa interior roja".

"En Francia lo primero que hay que hacer al comenzar el año es besarse bajo unas hojas de muérdago".

"En Uruguay hay que tirar los calendarios antiguos por la ventana y también hay que echar agua a la calle para arrastrar todo lo malo".

"En España hay que comer doce uvas a las doce de la noche. El número doce representa los doce meses del año y simboliza la prosperidad y los buenos deseos para el año que entra".

3.3 **Todo el grupo** **¿Hay en tu país alguna costumbre especial la noche del 31 de diciembre? Cuéntaselo a la clase.**

4 **En grupos pequeños** ¿Qué haces para aprender un idioma extranjero? Elabora con tus compañeros una lista de cinco consejos para aprender idiomas.

Para aprender bien un idioma...

- hay que hablar con nativos;
- ....
- ....
- ....
- ....

Para **dar consejos** o **hacer sugerencias** puedes utilizar la estructura ***hay que*** + infinitivo, ***tiene(s) que*** + infinitivo y ***puede(s)*** + infinitivo.

4.1 **En grupos pequeños** El siguiente artículo da consejos para aprender idiomas. Compáralos con los de tu lista. ¿Cuáles coinciden?

7 consejos para aprender un idioma más rápido

Aprender idiomas es uno de esos propósitos de Año Nuevo que abandonamos con facilidad, como ir al gimnasio, perder peso o dejar el tabaco. Si quieres aprender un idioma, estos trucos te pueden ayudar.

1. Hay que estudiar usando solo el idioma que estás aprendiendo.
2. Tienes que ver películas o series y escuchar música o la radio en el idioma que estudias.
3. Tienes que buscar a un compañero con el que hablar o hacer intercambios para practicar idiomas.
4. Puedes usar aplicaciones móviles. Actualmente hay muchos juegos y aplicaciones para aprender idiomas.
5. Hay que relacionar todo lo que sabes con tu idioma. Puedes relacionar las palabras de tu lengua materna con palabras de la lengua que estudias para recordarlas con más facilidad.
6. Hay que hablar desde el principio. No es necesario tener muchos conocimientos de un idioma para comunicarse.
7. Hay que imitar el acento del idioma que aprendes. Para ello, tienes que escuchar a nativos y repetir lo que dicen imitándolos.

Adaptado de https://www.elconfidencial.com/alma-corazon-vida/2016-08-16/trucos-para-aprender-idiomas_1246231/

Contraste *por/para*

- Para expresar **causa** se usa ***¿Por qué?*** › ***Porque*** + frase o ***por*** + nombre:
  ▶ *¿**Por qué** estudias español?*
  ▷ *Estudio español **porque** trabajo en Argentina.*
  *Está en la cama **por** la fiebre.*
- Para expresar **finalidad** se usa ***¿Para qué?*** › ***Para*** + infinitivo:
  ▶ *¿**Para qué** quieres aprender español?*
  ▷ *Quiero aprender español **para** viajar por Hispanoamérica.*
- Además, con la preposición ***por*** se expresa tiempo y lugar aproximado:
  Por *la mañana voy al gimnasio.*
  *¿Está mi libro **por** aquí?*
- Además, con la preposición ***para*** se expresa un plazo de tiempo y dirección:
  *Este ejercicio es **para** mañana.*
  *Vamos **para** Madrid.*

4.2 **Todo el grupo** ¿Qué opinas de los consejos del artículo que has leído? ¿Estás de acuerdo?

▶ ***Yo creo que*** *estudiar usando solo el español es muy difícil.*
▷ *Pues **yo creo que** ver películas es muy divertido.*

Dar una opinión o valorar

- (Yo) Creo que...
  Yo creo que *aprender español uno solo no es fácil.*
- ***Es (muy/bastante/un poco)*** + adjetivo de valoración *(útil, necesario, bueno, malo, difícil, fácil, aburrido, divertido...)*
  Es muy importante *preguntar al profesor las dudas.*

4.3 **Todo el grupo** En una puesta en común de todos los consejos, elige con tus compañeros los 10 mejores para confeccionar un decálogo y colgarlo en clase.

VIAJAR POR LOS PARQUES NACIONALES
más bellos de Hispanoamérica

1 **Todo el grupo** ¿Sabes qué es un parque nacional? ¿Cuál es el más famoso de tu país?

2 Lee el siguiente texto sobre el parque nacional Canaima (Venezuela).

HOY VAMOS A ADENTRARNOS EN
EL PARQUE NACIONAL CANAIMA

El salto Ángel

DATOS

- Está situado en el estado Bolívar de Venezuela.
- Se extiende sobre una superficie de 30 000 km².
- Es el sexto parque nacional más grande del mundo.

QUÉ VER

- **Los tepuyes.** Son mesetas elevadas de roca que ocupan el 65 % del parque.
- **El Salto Ángel.** Es el salto de agua más alto del mundo, generado desde el Auyantepuy, el tepuy más grande y famoso del parque. Mide 979 metros.

FLORA

El clima frío de los tepuyes hace que muchas de las especies que habitan allí sean exclusivas de este lugar, como la *Orectanthe sceptrum*, de hojas alargadas y puntiagudas de color verde azulado, que se puede ver en las cumbres de los grandes tepuyes. Existen también algunas plantas carnívoras, como la *Heliamphora chimantensis* y la *Drosera roraimae*.

FAUNA

Podemos encontrar multitud de animales como pumas, jaguares, osos hormigueros, colibríes, nutrias, anacondas, etc. También hay más de 90 especies de sapos y ranas, pero una de las más curiosas es la pequeña rana negra del Roraima. Mide unos 2 cm y se puede encontrar en la cima del tepuy Roraima, de ahí su nombre.

Fíjate:
Las palabras que terminan en *-y* tienen el plural en *-yes*:
tepuy › **tepuyes** rey › **reyes**
Pero:
jersey › **jerséis** espray › **espráis**

Anaconda

Colibrí

Planta carnívora *Drosera roraimae*

Planta carnívora *Heliamphora chimantensis*

NO TE PUEDES IR SIN CONOCER...

Las piscinas naturales en lo alto del monte Roraima, una maravilla de la naturaleza. Se trata de una cadena de lagos conectados que parecen grandes bañeras o *jacuzzis*. En ellos se puede disfrutar de un baño muy agradable.

Jacuzzis del monte Roraima

Orectanthe sceptrum

3 **En grupos pequeños** Ponte de acuerdo con tus compañeros y elige uno de los parques nacionales de la lista que te damos. Después busca información sobre él en internet, completa la ficha y preséntaselo a la clase.

- Parque nacional Galápagos.
- Parque nacional de Tortuguero.
- Parque nacional Los Glaciares.

Datos
Localización:
Extensión:
Qué ver
Flora:
Fauna:
No te puedes ir sin conocer...

Oso hormiguero

Nutria

Puma

Rana negra del Roraima

Vídeo

HOSTAL Babel

Uvas y campanadas

Antes del vídeo

1 **Todo el grupo** Los amigos del hostal están celebrando una fiesta. Fíjate en la imagen, en el título de la unidad y en lo que hay en las copas. ¿Sabes qué fiesta es? Justifica tu respuesta.

2 **En parejas** Aquí tienes algunas imágenes relacionadas con tradiciones de Argentina, España y México para festejar el último día del año y celebrar la llegada del año nuevo. ¿A qué tradición crees que se refieren?

1

Barrer la casa.

2

....

3

....

4

....

5

....

6

....

2.1 En Argentina, según dice Carla, es costumbre regalarse entre chicas "bombachas rosadas" para tener buena suerte. En tu país, ¿existe esta costumbre?

> LÉXICO
>
> Español de España › bragas: *Al irse, Rebeca se había dejado la mayoría de sus cosas: vestidos, zapatos, blusas, abrigos,* ***bragas****, medias…*
>
> Español de Argentina, Paraguay y Urugay › bombachas: *Calzoncillos para nosotros y* ***bombachas*** *para Laura tenemos.*
>
> Español de México y Honduras › calzón: *Entró en la habitación, se puso el* ***calzón*** *y los pantalones y salió.*

Durante el vídeo

3 **Visiona el fragmento 00:30 ▸ 03:36, comprueba tus hipótesis anteriores y relaciona las tradiciones con su finalidad.**

1. Barrer la casa...
2. Poner dinero en los zapatos...
3. Estrenar ropa...
4. Tomar doce uvas...
5. Usar ropa blanca...
6. Caminar con una maleta...

a. para tener un buen año.
b. para eliminar malas energías y atraer buenas vibraciones.
c. como símbolo de purificación y para tener buena salud.
d. para viajar mucho durante el año.
e. para atraer la prosperidad económica.
f. para tener buena suerte.

4 **Visiona ahora el fragmento donde Tere nos va a contar sus planes para Nochevieja (03:37 ▸ 05:00). Luego responde a las preguntas.**

1. ¿Qué quiere hacer Tere? ....
2. ¿A dónde va a ir? ¿Qué va a hacer? ....
3. ¿Quiénes van a salir de fiesta esta noche? ....
4. ¿Qué va a hacer Carla? ¿Por qué? ....

5 **En el último fragmento (05:00 ▸ final), Leo, Carla, Tere, Bea y Hugo van a contarnos sus planes, proyectos e intenciones para el año nuevo. Visiónalo y luego escribe los planes de cada uno.**

LEO ....
CARLA ....
TERE ....
BEA ....
HUGO ....

Después del vídeo

6 **En parejas** **Durante el vídeo, Leo hace este gesto con las manos. ¿Qué crees que puede significar? Marca las frases que mejor se acomodan a este gesto.**

- [ ] ¿Pero qué pasa?
- [ ] ¿Qué hora es?
- [ ] Este es mi amigo Hugo.
- [ ] ¿He dicho algo inconveniente?
- [ ] ¡Yo también quiero ir!
- [ ] Todo está bien.
- [ ] Tengo hambre.
- [ ] ¡No entiendo nada!

6.1 **En parejas** **¿Con qué gestos se representan las frases que no has seleccionado en la actividad anterior?**

7 **En grupos pequeños** **¿Y tú? ¿Cómo celebras la Nochevieja en tu país? Cuéntaselo a tus compañeros.**

Evaluación

1 Observa estas situaciones. ¿Qué va a pasar?

estornudar | tener un bebé | explotar | llover | operar

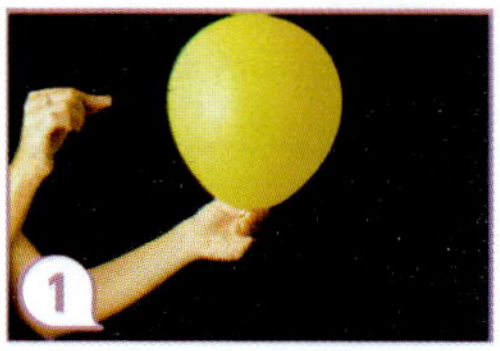

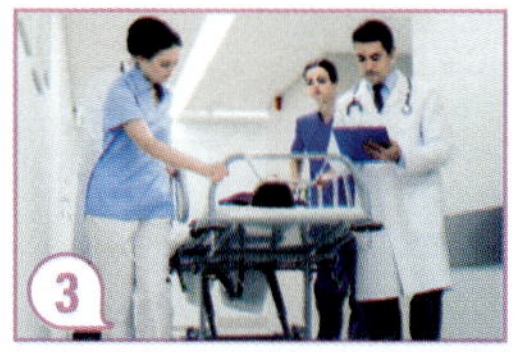

1. El globo ....
2. La mujer ....
3. Los médicos .... al paciente.
4. La mujer ....
5. .... en el campo.

2 Completa las frases según tus planes o intenciones para estos momentos futuros.

1. Esta noche ....
2. Este fin de semana ....
3. La próxima semana ....
4. Mañana ....
5. El mes que viene ....
6. El próximo año ....

3 Imagina que hoy es 31 de diciembre. ¿Cuáles son tus intenciones y deseos para el próximo año?

....
....
....
....
....

4 Escribe dos consejos para cada una de estas preguntas.

1. ¿Qué hay que hacer para conocer bien a la gente de tu país?
   Consejo 1: ....
   Consejo 2: ....
2. ¿Qué tienes que hacer para conseguir un buen trabajo?
   Consejo 1: ....
   Consejo 2: ....
3. ¿Qué hay que hacer para ser un buen amigo?
   Consejo 1: ....
   Consejo 2: ....

5 Observa las imágenes. ¿Qué cosas tiene que hacer Luis antes de la fiesta de cumpleaños de su hija Gema?

1 

2 

3 

4 

Limpiar Preparar Poner Comprar	+	la mesa. la casa. la tarta. la cena.

6 Clasifica las expresiones en la tabla.

¿Te apetece ver una exposición este fin de semana? | ¿Vas a salir?
¿Por qué no? | Vale. | ¿Quieres ir a bailar esta noche? | De acuerdo.
Lo siento, no puedo. | Sí, vale. | No, es que tengo que estudiar. | ¿Qué haces mañana?

Preguntar por planes e intenciones	Proponer un plan	Aceptar un plan	Rechazar un plan

7 Completa con el verbo *ir*, *querer* o *tener* en la forma adecuada.

1. Este año Candela y Flora .... viajar a Venezuela para ver los tepuyes.
2. Mañana .... que llamar a mi amiga Sonia porque es su cumpleaños.
3. La próxima semana mis padres .... a ir al teatro.
4. Amanda, Luis, ¿.......................... cenar conmigo esta noche?
5. Chema no .... a salir esta noche porque .... que estudiar.
6. Bea no .... hablar conmigo.
7. Jorge y Lidia .... que aprender italiano porque el próximo año .... a estudiar en Roma con una beca Erasmus.

8 Relaciona las palabras de las columnas.

1. oso	a. nacional
2. parque	b. de agua
3. planta	c. hormiguero
4. salto	d. carnívora

8.1 Busca en esta sopa de letras los nombres de cinco animales que podemos encontrar en el parque nacional Canaima.

F	I	O	R	H	O	L	P	I	O
O	L	N	P	L	E	I	Z	N	T
J	A	G	U	A	R	O	F	A	A
C	R	D	E	T	N	S	R	N	B
C	O	L	I	B	R	I	A	L	S
U	T	Y	G	F	T	I	N	O	E
A	D	N	O	C	A	N	A	S	N
C	U	L	E	Z	I	N	O	I	T
L	A	J	Z	A	O	R	C	N	L

9 Después de estudiar esta unidad, ¿qué otras estrategias has adquirido para aprender español? ¿Cuál te parece más útil?

Unidad 8

¿Te pones enfermo/a con frecuencia?

¿Qué haces cuando estás enfermo/a?

¿Utilizas a menudo las máquinas de venta automática? ¿Qué sueles comprar en ellas?

¿En cuál de las imágenes una persona pide algo? ¿Se hace el mismo gesto en tu país?

¿Sabes qué es la dieta mediterránea?

Cuídate mucho

En esta unidad vas a. . .

- Hablar de enfermedades, dolencias y síntomas
- Hablar de los estados de ánimo
- Dar consejos, órdenes e instrucciones
- Pedir permiso, objetos y favores
- Aceptar y denegar peticiones
- Conocer la dieta mediterránea

¿Qué sabes?

1 **En parejas** ¿Conoces las partes del cuerpo humano? Con tu compañero/a, completa la imagen con las palabras que faltan. Puedes usar el diccionario.

1.1 Ahora gira el libro y comprueba tus respuestas.

1. cabeza
2. pelo
3. cara
4. oreja
5. ojo
6. nariz
7. boca
8. cuello
9. pecho
10. mano
11. dedo
12. estómago
13. pierna
14. pie
15. brazo
16. espalda

RAE

LÉXICO

Hablamos de barriga o vientre para referirnos a la parte del cuerpo correspondiente al abdomen:
*–Aquí, hijo, aquí me hizo la herida. –¿En el **vientre**, abuela?*

Español de España › barriga: *Es que me duele la **barriga**.*
Español de América › panza: *MAMÁ: Le duele la **panza**.*

2 **En grupos pequeños** ¿Cuáles de estos productos encuentras habitualmente en las máquinas de venta automática? ¿Qué otros productos se venden en tu país en estas máquinas?

2.1 **Todo el grupo** Lee este titular. ¿Qué te parece la iniciativa de estas escuelas?

MADRID 14 SEPT

Varios colegios españoles apuestan por la fruta en sus máquinas de venta automática

Varias comunidades aplican medidas contra la obesidad infantil en sus centros escolares.

2.2 **En parejas** Imagina que tienes que decidir qué cosas se pueden comprar en las máquinas de venta automática. Habla con tu compañero/a y confecciona tu lista ideal de productos.

....

....

....

....

....

....

2.3 **Todo el grupo** Ahora presenta la propuesta a tus compañeros y entre todos elegid la mejor de todas.

RAE

LÉXICO

Español de España › zumo : *Jamás prueba el alcohol, solo agua y **zumo** de naranja.*
Español de América › jugo : *Sobre una mesa con mantelito blanco hay vasos con **jugo** de naranja, platos con huevos cocidos, panes tostados y tazas de café.*

Español de España › sándwich : *Anda, corre, ve a la cocina, por si ya están los **sándwiches** de la mesa 3.*
Español de América › emparedado :
*Primero tomaron café, aparecieron algunos **emparedados**, masas frescas de hojaldre, frutas…*

Palabras

1 **En parejas** ¿Con qué partes del cuerpo relacionas estas palabras? Puedes usar el diccionario.

crema antiarrugas | pendientes | jabón | gorro | bufanda
pantalones | sandalias | guantes | anillo | bolso | pintalabios
rímel | mochila | pañuelo de papel

Ejemplo: *crema antiarrugas › cara*

1.1 **En parejas** Piensa con tu compañero/a en cinco palabras relacionadas con una parte del cuerpo. Tus compañeros tienen que adivinar a qué parte del cuerpo se refieren.

1.2 [31] Escucha y escribe la parte o partes del cuerpo que se mencionan.

1. ....
2. ....
3. ....
4. ....

2 Con tu compañero/a, observa los gestos de estas personas y responde a las preguntas.

1. ¿Quién está triste? Foto: ....
2. ¿Quién está nervioso/a? Foto: ....
3. ¿Quién está aburrido/a? Foto: ....
4. ¿Quién está contento/a? Foto: ....
5. ¿Quién está enfadado/a? Foto: ....
6. ¿Quién está asustado/a? Foto: ....
7. ¿Quién está preocupado/a? Foto: ....
8. ¿Quién está tranquilo/a? Foto: ....

Fíjate:
Usamos ***estar*** para hablar de los estados físicos y de ánimo y ***ser*** para describir el carácter de personas:
*Francisco **es muy tranquilo**, pero hoy **está muy nervioso** porque mañana tiene un examen.*

2.1 **Todo el grupo** ¿Cuáles de los anteriores estados de ánimo son positivos? ¿Y negativos? ¿Utilizas algún gesto concreto para expresarlos? Enséñaselo a la clase.

RAE
LÉXICO
Español de España › enfadado/a : *... pero Andrés está muy **enfadado**, enfadado de verdad, y Elena tiembla de miedo.*
Español de América › enojado/a : *Estás **enojada** con Clara porque es una muchacha independiente, ¿no?*

3 ¿Qué les pasa a las personas de las imágenes? Completa las frases con estas palabras.

la espalda | tos | los ojos | fiebre | la cabeza | el estómago | cansado/a

1. Le duele ....

2. Tiene ....

3. Está ....

7. Tiene ....

4. Le duele ....

5. Le pican ....

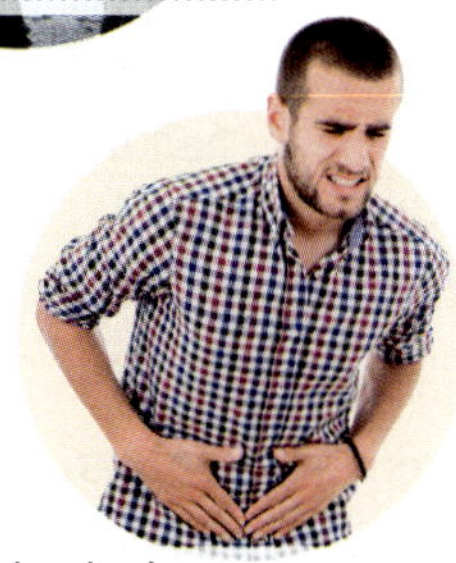
6. Le duele ....

3.1 **En parejas** Clasifica las siguientes palabras sobre distintos síntomas de una enfermedad en la tabla. En algunos casos puede haber más de una opción.

gripe | enfermo/a | tos | la cabeza | bien/mal | los ojos | alergia | dolor de cabeza | malo/a
un oído | cansado/a | fiebre | dolor de espalda | mareado/a | las muelas | la garganta
dolor de estómago | la nariz | vómitos | las piernas | el cuello | mareos | la espalda | los brazos

Tiene	Le duele/duelen	Le pica/pican	Está/Se siente

- Los verbos ***doler*** y ***picar*** se construyen como el verbo ***gustar***, en 3.ª persona de singular o plural:
  Le duele *la cabeza.* ***Le pican*** *los brazos.*

  Son equivalentes a las expresiones ***tener dolor de*** y ***tener picor de***, respectivamente:
  Le duelen *los oídos.* = ***Tiene dolor de*** *oídos.*
  Le pican *los ojos.* = ***Tiene picor de*** *ojos.*
- Lo mismo ocurre con verbos específicos como ***marearse, toser*** y ***vomitar***:
  Se marea. = Tiene mareos. *Tose. = Tiene tos.* *Vomita. = Tiene vómitos.*

3.2 **En parejas** Pregúntale a tu compañero/a cómo se siente en estas situaciones.

¿Cómo te sientes cuando…

no duermes? ....
haces un viaje largo en avión? ....
estás muchas horas sentado/a? ....
andas muchas horas? ....
ves mucho tiempo la tele? ....
llevas muchas horas sin comer? ....
estudias toda la noche? ....
conduces muchas horas? ....

Ejemplo: *Cuando no duermo me pican los ojos y me duele la cabeza.*

Gramática

1 Imperativo afirmativo

¿Diga?

Usamos el imperativo para **dar instrucciones**, **órdenes** y **consejos**.

- **Verbos regulares**

	Hablar	Beber	Abrir
tú	habl**a**	beb**e**	abr**e**
usted	habl**e**	beb**a**	abr**a**
vosotros/as	habl**ad**	beb**ed**	abr**id**
ustedes	habl**en**	beb**an**	abr**an**

- **Verbos con irregularidades vocálicas**

	Empezar (e › ie)	Volver (o › ue)	Pedir (e › i)
tú	emp**ie**za	v**ue**lve	p**i**de
usted	emp**ie**ce	v**ue**lva	p**i**da
vosotros/as	empezad	volved	pedid
ustedes	emp**ie**cen	v**ue**lvan	p**i**dan

Fíjate:
Las irregularidades del imperativo son las mismas que las del presente *(e › ie, o › ue, e › i)* en las formas ***tú***, ***usted*** y ***ustedes***.

- **Otros verbos irregulares**

	Ser	Tener	Hacer	Poner
tú	**sé**	**ten**	**haz**	**pon**
usted	**sea**	**tenga**	**haga**	**ponga**
vosotros/as	sed	tened	haced	poned
ustedes	**sean**	**tengan**	**hagan**	**pongan**

	Ir	Venir	Salir	Decir
tú	**ve**	**ven**	**sal**	**di**
usted	**vaya**	**venga**	**salga**	**diga**
vosotros/as	id	venid	salid	decid
ustedes	**vayan**	**vengan**	**salgan**	**digan**

Ten, para ti.

Fíjate:
Vosotros/as es siempre regular.

- Algunos verbos sufren cambios ortográficos en las formas de ***usted*** y ***ustedes***.
  Son los verbos terminados en:
  - **-car**: bus**car** › bus**qu**e, bus**qu**en
  - **-gar**: car**gar** › car**gu**e, car**gu**en
  - **-ger**, **-gir**: ele**gir** › eli**j**a, eli**j**an
  - **-zar**: empe**zar** › empie**c**e, empie**c**en
- Los verbos reflexivos en imperativo llevan el pronombre correspondiente detrás del verbo y unido a él: *levantar**se** › levánta**te**, levánte**se**, levanta**os**, levánten**se**.*
  – En los verbos reflexivos, la forma ***vosotros/as*** pierde la *-d-*: *levantados › levantaos.*

RAE GRAMÁTICA

- En las zonas voseantes de América, el imperativo tiene una forma propia para la persona vos *(hablá, bebé, abrí, empezá, volvé, elegí, tené, hacé, poné, vení, salí, decí…)*: ***Empezá** vos, por favor./**Comé**, **comé**, está muy bueno.*
- El verbo ir (imperativo ve) no suele utilizarse y se usa andá (verbo andar): ***Andá**, que es tarde.*

1.1 Completa las frases con el verbo en imperativo.

[1] .... (Hablar, vosotros) más alto, por favor, que no os oigo bien.

▶ ¿Y qué hago ahora, papá?
▷ Ahora [2] .... (poner, tú) un poco de sal y luego [3] .... (añadir, tú) la salsa de tomate.

[4] .... (Escoger, ustedes) una pareja de baile y [5] .... (practicar, ustedes) el paso nuevo.

Esta noche vamos a cenar fuera. Se queda a dormir la tía, así que [6] .... (ser, tú) buena, [7] .... (portarse, tú) bien y [8] .... (hacer, tú) caso a tu tía.

Ahora [9] .... (girar, tú) en la siguiente calle y [10] .... (ir, tú) despacito. [11] .... (Tener, tú) mucho cuidado en el cruce, que hay mucho tráfico.

[12] .... (Beber, usted) más agua, [13] .... (tomar, usted) las pastillas y [14] .... (volver, usted) dentro de una semana para ver qué tal.

2 Pronombres de objeto directo

- Muchos verbos llevan un complemento (que puede ser una persona o un objeto) llamado **objeto directo**. Cuando este complemento ya se ha mencionado anteriormente, se sustituye por un pronombre. Los pronombres de objeto directo son:

yo	**me**	nosotros/as	**nos**
tú	**te**	vosotros/as	**os**
él, ella, usted	**lo/la**	ellos, ellas, ustedes	**los/las**

*Mi amiga Vanessa vive muy cerca de mi casa. **La** veo todos los días en la calle.*

- El objeto directo va normalmente antes del verbo. Sin embargo, con el imperativo, el infinitivo y el gerundio el pronombre de objeto directo siempre se coloca **a continuación** del verbo formando una sola palabra con él:

*Coge **el libro** y déja**lo** encima de la mesa, por favor.*
*Faltan dos **regalos**. Tienes que comprar**los** hoy.*
*Me encanta este **libro**. Estoy leyéndo**lo** muy deprisa.*

2.1 Completa los diálogos con el pronombre adecuado.

1. ▶ ¿Tienes tú las llaves del coche?
   ▷ No, ... tiene tu madre.
2. ▶ ¿Puedes dejarme el diccionario?
   ▷ Claro, cóge..........
3. ▶ ¿Cómo quieres el café?
   ▷ .... quiero con leche, por favor.
4. ▶ ¿Tienes ya los regalos de Navidad?
   ▷ No, aún no. Voy a comprar.......... hoy.
5. ▶ ¿Me dejas la cámara de fotos?
   ▷ Un momento. Es que ahora estoy usándo..........
6. ▶ ¿Puedo hacer los deberes mañana?
   ▷ No, haz.......... ahora.
7. ▶ ¿Tú llevas gafas?
   ▷ Sí, pero solo .... utilizo para leer.
8. ▶ ¿Tú visitas a tus abuelos?
   ▷ Sí, por supuesto, ... veo una vez al mes.

Practica en contexto

1 **En parejas** ¿Sabes distinguir entre una gripe y un resfriado? ¿Cuáles son los síntomas de cada uno? Coméntalo con tu compañero/a.

1.1 Lee este artículo sobre la gripe y el resfriado, y comprueba tus hipótesis.

¿Gripe o resfriado?

Los síntomas son parecidos. La diferencia principal es que los síntomas del resfriado común normalmente no producen fiebre alta ni dolor corporal ni muscular. La gripe se caracteriza por producir fiebre alta (hasta 41 °C) y aparecer de forma repentina. Además, la gripe suele manifestarse entre noviembre y principios de la primavera, mientras que el resfriado puede hacerlo durante todo el año.

Características de la gripe
Es una enfermedad contagiosa causada por el virus *influenza*.

Síntomas:
- fiebre alta
- dolor intenso de cabeza
- dolor de garganta
- tos seca y congestión nasal
- dolor corporal y muscular
- escalofríos

Características del resfriado
Es la infección respiratoria más frecuente y contagiosa.

Síntomas:
- fiebre leve
- dolor leve de cabeza
- dolor de garganta
- estornudos y tos
- congestión nasal
- picor de ojos y nariz

1.2 [32] Escucha la conversación entre una doctora y un paciente y toma nota de los síntomas. ¿Tiene gripe o está resfriado?

1.3 [33] Ahora escucha el final de la conversación y comprueba tu respuesta. Después escribe las recomendaciones que le da la doctora.

2 **En parejas** Imagina que estás en una consulta de un centro de salud. Representa junto a tu compañero/a las cuatro situaciones propuestas.

Estudiante A	Estudiante B
Síntomas: dolor de cabeza, tos seca, fiebre (39 °C) y dolor de cuerpo.	Tu paciente tiene gripe. Tus consejos: descansar, tomar medicamentos para la fiebre y el dolor y beber muchos líquidos.
Tu paciente tiene alergia. Tus consejos: tomar medicamentos antihistamínicos, ponerse unas gotas en los ojos y vacunarse.	Síntomas: picor de ojos y nariz, estornudos y cansancio.
Síntomas: dolor de garganta, dolor al comer y fiebre.	Tu paciente tiene faringitis. Tus consejos: beber mucha agua o líquidos, tomar medicamentos, tomar caramelos de miel y mantener el ambiente húmedo en casa.
Tu paciente tiene una contractura muscular. Tus consejos: ir a un fisioterapeuta, hacer estiramientos, tomar medicamentos para el dolor.	Síntomas: dolor de espalda y no dormir bien.

3 **En parejas** Aquí tienes algunos consejos para dormir bien y para llevar una dieta equilibrada. Decide cuáles corresponden a cada uno. Fíjate en los ejemplos.

	Dormir bien	Llevar una dieta equilibrada
1. (Dormir) en un lugar completamente oscuro y sin ruidos.	✓	☐
2. (Comer) de todo, pero en su justa medida y cinco veces al día.	☐	☐
3. (Hacer) ejercicio a diario.	☐	☐
4. (Evitar) ver la televisión, trabajar o usar el móvil en la cama.	☐	☐
5. (Reducir) el consumo de alimentos precocinados y dulces.	☐	☐
6. (Tomar) algo caliente (una infusión, por ejemplo) antes de acostarte.	☐	☐
7. (Planificar) lo que vas a comer.	☐	✓
8. (Ir) al baño antes de acostarte.	☐	☐
9. (Mantener) los dispositivos electrónicos alejados de la cama.	☐	☐
10. (Cocinar) los alimentos a la plancha, al vapor, cocidos o al horno.	☐	☐

3.1 **En parejas** Ahora escribe los consejos utilizando las diferentes estructuras que ya conoces.

1. ....
2. ....
3. ....
4. ....
5. ....

1. ....
2. ....
3. ....
4. ....
5. ....

Dar consejos

Además del **imperativo**, puedes usar:

- ***Tener que*** + infinitivo
  Tienes que ir *al médico ahora mismo. Estás muy acatarrado.*
- ***Hay que*** + infinitivo (para dar consejos de manera general)
  Con el resfriado ***hay que beber*** *agua.*
- ***Deber*** + infinitivo
  Debe *usted* ***ir*** *a casa y hacer reposo.*

> Recuerda:
> Estas tres estructuras se usan también para expresar obligación.

- ***Poder*** + infinitivo
  Puedes hacer *algo de ejercicio para ayudar a la dieta de adelgazamiento.*

> Recuerda:
> Esta estructura se usa también para expresar posibilidad.

- ***Te/Le recomiendo/aconsejo*** + infinitivo
  Te recomiendo tomar *miel con limón para la garganta.*

3.2 **Todo el grupo** Lee lo que les pasa a estas personas y piensa qué consejos puedes darles para solucionar sus problemas.

4 **Todo el grupo** ¿Hay muchas máquinas en tu entorno (casa, barrio, trabajo, escuela...)? ¿Qué máquinas son? ¿Recuerdas alguna de las instrucciones que dan?

4.1 Lee las instrucciones de las siguientes máquinas y complétalas con las frases que te damos. ¿Sabes cómo se llaman en español estas máquinas?

> Meta la ropa. | Retire la tarjeta. | Seleccione la bebida. | Teclee su número PIN.
> Elija el programa de lavado. | Retire la bebida.

- Introduzca la tarjeta.
- Espere un momento, por favor.
- [1] ....
- Seleccione la operación deseada (sacar dinero, ingresar dinero, consultar saldo...).
- Introduzca el importe.
- [2] ....
- Retire el dinero.

- Abra la puerta.
- [3] ....
- Cierre la puerta.
- [4] ....
....
- Inserte el importe.
- Pulse el botón "Inicio".

- Introduzca las monedas.
- [5] ....
....
- Espere mientras se prepara la bebida.
- [6] ....
....

1. Es un/a .... 2. Es un/a.. 3. Es un/a..

4.2 **En parejas** Pregúntale a tu compañero/a cómo funcionan las siguientes máquinas y escribe las instrucciones.

Estudiante A

Horno microondas

Instrucciones de uso

....
....
....

Para hacer un café en una cafetera de cápsulas...

- Pulsar el botón de encendido.
- Llenar el depósito de agua.
- Introducir la cápsula.
- Poner la taza.
- Seleccionar el tipo de café (corto o largo).

Estudiante B

Cafetera

Instrucciones de uso

....
....
....

Para calentar la comida en el microondas...

- Abrir la puerta.
- Meter el alimento.
- Seleccionar la temperatura.
- Seleccionar el tiempo.
- Pulsar el botón de encendido.

5 Fíjate en las siguientes imágenes y marca si la persona pide un objeto, pide un favor o pide permiso.

1

2

3

4

	Imagen 1	Imagen 2	Imagen 3	Imagen 4
Pide un objeto.	☐	☐	☐	☐
Pide un favor.	☐	☐	☐	☐
Pide permiso.	☐	☐	☐	☐

5.1 **En parejas** Lee estas situaciones y represéntalas con tu compañero/a según la instrucción dada.

Estudiante A

1. Estás en casa de un/a amigo/a. Tienes mucha sed y quieres beber agua.
2. Tu amigo/a necesita un euro para comprar una bebida. Tú no tienes dinero.
3. Tu compañero/a de piso está viendo la tele con el volumen muy alto y tú quieres estudiar.
4. Trabajas en una oficina y una persona te pregunta si puede usar el servicio. Tú aceptas.
5. Trabajas en una biblioteca y tienes que colocar muchos libros en las estanterías. Pide ayuda a tu compañero/a.

Estudiante B

1. Tú y tu amigo/a estáis en tu casa. Tu amigo/a quiere un vaso de agua. Tú aceptas.
2. Quieres sacar un refresco de una máquina de venta automática, pero no tienes monedas. Pide un euro a tu amigo/a.
3. Estás viendo la tele con unos amigos. Tu compañero/a de piso te pregunta si puedes bajar el volumen porque quiere estudiar. Tú aceptas.
4. Estás esperando para hacer una entrevista de trabajo y necesitas ir al servicio porque estás nervioso/a. Pide permiso al recepcionista para ir al servicio.
5. Trabajas en una biblioteca. Tu compañero/a te pide ayuda con los libros. Tú no aceptas porque estás atendiendo al público.

Pedir un favor

- *(Por favor,)* ¿***Puede(s)*** + infinitivo?

  *Por favor, ¿**puedes ayudarme** a hacer los deberes?*

Pedir un objeto

- *(Por favor,)* ¿***Tiene(s)*** + nombre?
- *(Por favor,)* ¿***Me da(s)/deja(s)/presta(s)*** + nombre?

  *¿**Me prestas** un bolígrafo, por favor?*

Pedir permiso

- ¿***Puedo*** + infinitivo?

  *¿**Puedo** ir al servicio?*

Aceptar una petición

- **Sí, claro./por supuesto.**
- ***Sí,*** + imperativo

  ▶ *¿Puedo entrar?*
  ▷ *Sí, **pasa, pasa**.*

Fíjate:
Es habitual repetir el imperativo para conceder permiso.

Denegar una petición

- **No, lo siento, es que...**

  ▶ *¿Me dejas el diccionario? **Es que** el mío está en casa.*
  ▷ ***No, lo siento, es que** estoy usándolo yo ahora.*

Fíjate:
Es muy habitual dar una excusa o una justificación cuando no aceptamos una petición y cuando pedimos algo.

La dieta mediterránea

1 **En parejas** ¿Sabes qué es la dieta mediterránea? Haz con tu compañero/a una lista de los alimentos que hay que consumir en esta dieta.

1.1 Lee el artículo y comprueba tus hipótesis.

¿Qué es?

Es una valiosa herencia cultural que representa mucho más que una dieta nutricional rica y saludable. Es un estilo de vida equilibrado que recoge recetas, formas de cocinar, celebraciones, costumbres, productos típicos y actividades humanas diversas. Se da en los países de la cuenca mediterránea, especialmente en Chipre, Croacia, España, Grecia, Italia, Marruecos y Portugal.

¿Qué beneficios tiene?

Entre las muchas propiedades beneficiosas que esta dieta tiene para la salud, destaca el tipo de grasa que la caracteriza (aceite de oliva, pescado y frutos secos), las proporciones en los nutrientes principales de sus recetas (cereales y vegetales como base de los platos) y la riqueza en micronutrientes que contiene debido a la utilización de verduras de temporada, hierbas aromáticas y condimentos.

La dieta mediterránea es Patrimonio Cultural Inmaterial de la Humanidad desde 2013.

Adaptado de https://dietamediterranea.com

10 CONSEJOS BÁSICOS

1 
Utiliza el **aceite** de oliva como grasa principal.

2 
Consume alimentos de **origen vegetal** en abundancia: frutas, verduras y frutos secos.

3 
El **pan**, la **pasta** y el **arroz** tienen que formar parte de la alimentación diaria.

4 Los alimentos **poco procesados**, frescos y de temporada son los más adecuados.

5 
Consume todos los días **productos lácteos**, principalmente yogur y quesos.

6 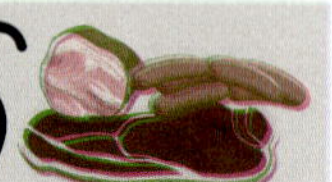
Come **carne roja** con moderación (mejor en guisos) y las carnes procesadas en cantidades pequeñas (en bocadillos).

7 Consume **pescado** en abundancia y **huevos** con moderación (3 o 4 a la semana).

8 
Toma **fruta fresca** de postre y consume dulces y pasteles ocasionalmente.

9 Bebe **agua** (debes tomar entre 1.5 y 2 l al día).

10 
Realiza **actividad física** todos los días.

2 **En grupos pequeños** Elabora con tus compañeros un menú para un día siguiendo las recomendaciones de la dieta mediterránea. Tienes que hacer un menú completo: desayuno, media mañana, comida, merienda y cena.

Pirámide de la dieta mediterránea

3 **Todo el grupo** ¿Cómo es tu alimentación? ¿Sigues la dieta mediterránea?

HOSTAL Babel

¿Enferma?

Antes del vídeo

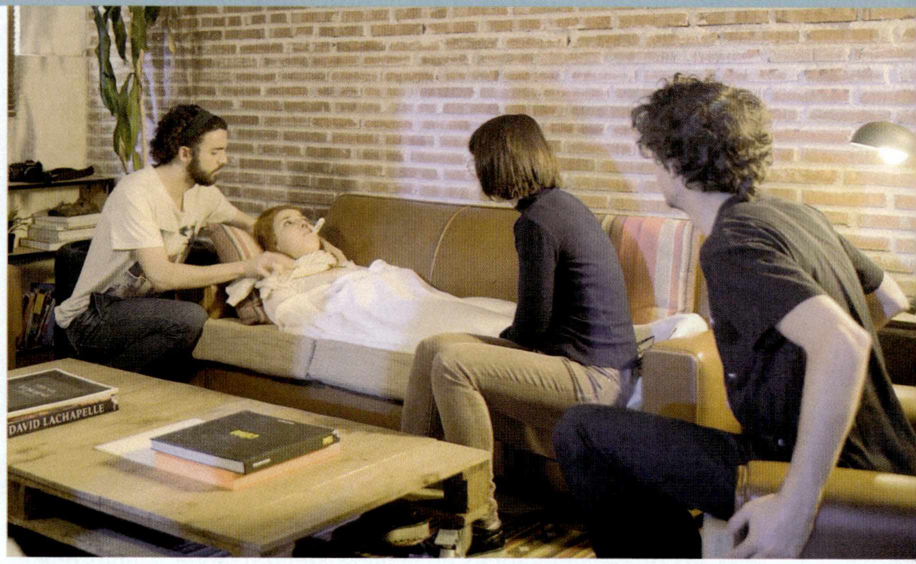

1 **En parejas** Fíjate en esta escena del episodio de hoy. ¿Qué pasa? ¿Cómo se sienten los personajes? Utiliza estos adjetivos para describir su estado de ánimo. Hay un adjetivo que no es adecuado. ¿Cuál?

preocupado/a | enfermo/a
contento/a | nervioso/a
tranquilo/a

2 **En parejas** Teniendo en cuenta las hipótesis anteriores, ¿qué crees que va a pasar en el capítulo de hoy? Discútelo con tu compañero/a.

Durante el vídeo

3 **En parejas** Visiona el primer fragmento del episodio (00:30 ▶ 02:00) y responde a las siguientes preguntas.

Fíjate:
¿Cómo llama Hugo a la comida basura?
....

1. ¿Qué le duele a Leo? ¿Por qué? ....
2. ¿Qué tipo de comida come normalmente Leo? ....
3. ¿Qué alimentos no come Leo nunca? ....

3.1 ¿Quién crees que da estos consejos a Leo? Marca si es Hugo o Carla. Luego visiona el fragmento 01:22 ▶ 02:00 para comprobar tu respuesta.

- [ ] .... No debes comer eso. .... [ ]
- [ ] .... Tenés que alimentarte bien. .... [ ]
- [ ] .... En serio, hacele caso. .... [ ]
- [ ] .... Tienes que comer más proteínas y sobre todo mucha verdura. .... [ ]
- [ ] .... ¡No podés comer solo papas fritas! .... [ ]
- [ ] .... Vos hacenos caso y comé bien. .... [ ]

3.2 ¿Qué te ha ayudado a diferenciar los consejos de Carla de los de Hugo? ¿Recuerdas cómo se llama este fenómeno lingüístico? ¿En qué países es más frecuente? ¿Es para un trato formal o informal?

4 **Todo el grupo** Visiona el fragmento 02:00 ▶ 03:23 sin sonido. ¿Qué crees que le pasa a Tere? ¿Qué síntomas tiene?

4.1 **En grupos pequeños** Ahora vuelve a visionarlo sin sonido e imagina con tus compañeros el diálogo que mantienen. Ayúdate de los gestos que hacen los personajes para escribir el diálogo. Luego cada uno de vosotros pone la voz a un personaje y lo representáis.

4.2 **Todo el grupo** Visiona ahora el fragmento con sonido. ¿Qué grupo ha escrito un diálogo más cercano al original?

4.3 **Todo el grupo** Todos están preocupados por Tere y Leo está muy nervioso. ¿Qué cree Leo que hay que hacer con Tere en una situación así? Visiona de nuevo este fragmento y completa las frases.

1. Hay que .... en horizontal.
2. Hay que .... a un médico.
3. Hay que .... con una manta.
4. Hay que .... a Tere al hospital.

5 Visiona el fragmento 03:23 ▶ final. ¿Qué le pasa a Tere en realidad?

1. ☐ Está enferma.
2. ☐ Ha dormido mucho.
3. ☐ Está cansada porque ha estado bailando toda la noche.
4. ☐ Se ha levantado esta mañana muy temprano.

Después del vídeo

6 **En parejas** Hazle el siguiente cuestionario a tu compañero/a.

1. ¿Qué parte del cuerpo te duele con más frecuencia? ....
¿Por qué? ....
2. ¿Qué haces cuando te duele la cabeza? ....
3. ¿Vas al médico con frecuencia? ....
¿Para qué? ....
4. ¿Qué haces cuando tienes fiebre? ....
5. ¿Tienes alergia a algún alimento? ....
¿A cuál? ....
6. Cuando no puedes dormir, ¿qué haces? ....
7. ¿Con qué frecuencia vas al dentista? ....
8. ¿Qué haces cuando una persona se siente mareada y se desmaya? ....
9. ¿Qué haces cuando estás nervioso/a? ....
10. ¿Llevas una dieta equilibrada? ....
¿Qué tomas a diario? ....

Evaluación

1 Lee las definiciones y completa el crucigrama con las partes del cuerpo.

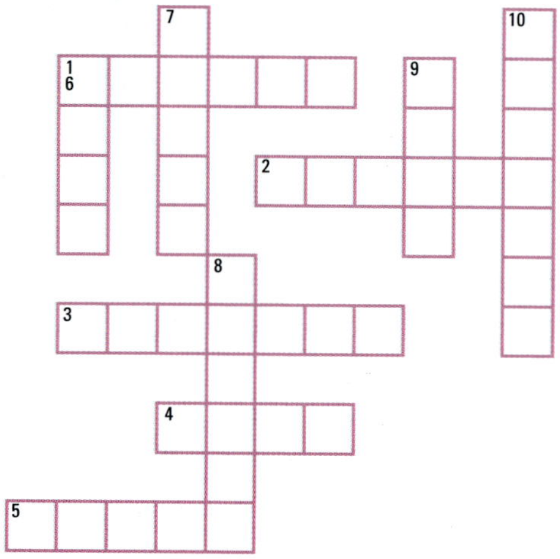

(Horizontal)

1. Los mueves mucho cuando nadas.
2. Te la cubres con un gorro cuando hace frío.
3. Las mueves continuamente cuando montas en bicicleta.
4. Los utilizas para ver.
5. Los niños los usan para decir los años que tienen.

(Vertical)

6. La abres y la cierras para comer.
7. Te pica cuando tienes alergia.
8. Puedes llevar pendientes en ellas.
9. Te duelen cuando llevas zapatos cerrados y andas mucho.
10. Te duele cuando estás mucho tiempo sentado/a.

2 Escribe las instrucciones que representan los iconos para la forma *usted.*

1 

2 

3 

4 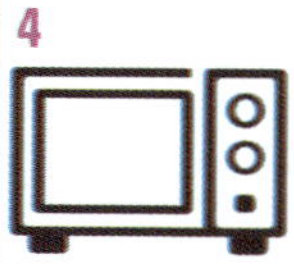

5 

6 

3 Relaciona las palabras de las columnas.

1. Ir...	a. una crema/una tirita.
2. Llamar...	b. una aspirina/un jarabe para la tos.
3. Tomar...	c. la herida con agua y jabón.
4. Ponerse...	d. en la cama.
5. Lavarse...	e. al hospital/al médico/a urgencias.
6. Beber...	f. a una ambulancia.
7. Meterse...	g. un té con limón/leche con miel.

4 Escribe tres consejos usando imperativos para cada una de estas situaciones.

Hacer bien una entrevista de trabajo	Llevarte bien con tus compañeros de piso

5 Lee los siguientes mensajes y relaciónalos con las imágenes.

1. ☐ Por favor, apaguen sus teléfonos móviles, la función va a empezar.
2. ☐ Coja número y espere su turno.
3. ☐ Al salir, tengan cuidado con las puertas.
4. ☐ Lea las instrucciones y, en caso de duda, consulte con su farmacéutico.
5. ☐ ¿Te queda poca batería? Carga aquí tu móvil.
6. ☐ Vamos, chicos, subid despacio y en orden.

6 Completa estas frases con el imperativo y el pronombre de objeto directo adecuados.

1. ¿Puedo usar tu móvil? Sí, ... (tomar, tú).
2. ¿Podemos abrir las ventanas? Sí, ... (abrir, vosotros).
3. ¿Puedo poner la tele? Sí, ... (poner, tú).
4. ¿Puedes dejarme los auriculares? Claro, ... (coger, tú).

6.1 Ahora escribe los imperativos anteriores en las formas *usted* y *ustedes*.

1. ....
2. ....
3. ....
4. ....

7 Completa las frases según tus reacciones.

1. Cuando estoy nervioso/a, *muevo los pies.*
2. Cuando estoy triste, ...
3. Cuando estoy contento/a, ...
4. Cuando estoy preocupado/a, ...
5. Cuando estoy aburrido/a, ...
6. Cuando estoy cansado/a, ...

8 Vuelve a leer el texto de la dieta mediterránea y contesta a las preguntas.

1. ¿Qué alimentos tienes que comer en las comidas principales del día? ....
2. ¿Cuál de estos alimentos no hay que comer todos los días? ....
   ☐ queso ☐ frutos secos ☐ pescado ☐ cebolla
3. ¿Cuántas veces a la semana puedes comer legumbres? ....
4. ¿Cuántas veces a la semana se puede comer carne roja? ....
5. ¿Puedes comer dulces? ....
6. ¿Qué bebida es recomendable tomar? ....

9 ¿Crees que has aprendido muchas cosas en esta unidad? Escribe…

1. tres palabras relacionadas con la dieta mediterránea:..;
2. tres palabras del cuerpo humano: ....;
3. tres imperativos irregulares:..;
4. tres enfermedades: ....;
5. tres síntomas:..;
6. tres estados de ánimo: ....

Unidad

9 Experiencias vividas

¿Alguna vez has montado en un globo aerostático?

¿Qué cosas interesantes te han pasado este año?

¿Has salido este fin de semana? ¿A dónde?

¿Qué productos compras habitualmente en el supermercado? ¿Cómo están envasados?

¿Conoces Panamá? ¿Sabes dónde está? ¿Para qué sirve el canal de Panamá?

En esta unidad vas a. . .

- Hablar de acciones terminadas en un tiempo no terminado
- Hablar de experiencias
- Hablar de la existencia o no de algo o de alguien
- Hacer valoraciones
- Conocer lugares insólitos de Hispanoamérica

¿Qué sabes?

1 **Todo el grupo** ¿Cuáles de estas acciones realiza normalmente la gente mayor de tu país? ¿Qué otras cosas hacen?

Ejemplo: *En mi país las personas mayores ven la tele, hacen vida social y también juegan a las cartas, pero no hacen la compra por internet.*

Ver la tele.

Hacer turismo.

Hacer vida social.

Hacer la compra.

Pasear.

Cuidar de los nietos.

2 **Todo el grupo** Lee los siguientes comentarios extraídos de un artículo titulado "Los jubilados del siglo XXI han cambiado su rol en la sociedad". ¿Estás de acuerdo? Coméntalo con tus compañeros.

"Los mayores viven la vejez como una segunda juventud".

"Las personas entre 65 y 75 años se sienten jóvenes y autosuficientes".

"Los jubilados de hoy en día quieren saber y aprender para entender el mundo actual".

"Les gusta hablar con los jóvenes y sentirse útiles; por eso, muchos de ellos colaboran como voluntarios en alguna ONG".

RAE

LÉXICO

- En el español de España se utilizan expresiones como gente mayor, personas mayores o los mayores para referirse a las personas de edad avanzada. Utilizar el adjetivo viejo/a se considera descortés:
  *Entré en el vagón y me senté. A mi lado había un señor **mayor**, de esos que a la primera de cambio te cuentan su vida...*
- En el español de América se usa viejo/a afectuosamente para dirigirse a una persona de confianza:
  *(...) porque cree que su **vieja** es más feliz ahora que le mandó el televisor...*
  También para referirse o llamar al padre o a la madre cariñosamente: *¿Lo sabe tu **viejo**?*

3 **En parejas** Gregorio está jubilado y durante su primer año de jubilación ha cambiado mucho su vida. Fíjate en las fotos y marca las cosas que ha hecho.

1. ☐ Ha empezado a hacer yoga.
2. ☐ Ha colaborado como voluntario en una ONG.
3. ☐ Ha empezado a ir a clase de pilates.
4. ☐ Ha hecho un crucero por el Caribe.
5. ☐ Ha sido abuelo por tercera vez.
6. ☐ Ha participado en una carrera solidaria.
7. ☐ Se ha apuntado a un curso de pintura.
8. ☐ Ha vuelto a la universidad para estudiar Historia, su verdadera pasión.
9. ☐ Ha hecho un safari en Kenia.
10. ☐ Ha hecho un curso de Informática.

Gregorio, 66 años,
profesor de Matemáticas jubilado

3.1 **Todo el grupo** ¿Conoces a alguna persona jubilada? ¿Hace las mismas cosas que Gregorio?

3.2 **Todo el grupo** ¿Qué ha cambiado este año en tu vida?

Ejemplo: ▶ *Pues yo he empezado a aprender español.*
▷ *Yo también. Además, he terminado la universidad.*

Palabras

1 [34] Escucha la conversación entre María y Juan y señala los productos de los que hablan.

Fíjate:

Envases

- una botella de...
- una lata de...
- un paquete de...
- un brik de...
- una bolsa de...
- un bote de...

Medidas

- una/media docena de...
- un/medio litro de...
- un kilo/medio (kilo)/(un) cuarto (de kilo) de...
- 100/200/300... gramos de...
- una barra de pan

1.1 [34] Escucha de nuevo la conversación. ¿Qué productos ha comprado Juan? ¿Qué tiene que comprar?

Ha comprado	Tiene que comprar
2 paquetes de harina	

1.2 **En parejas** ¿Con qué envases o medidas relacionas estas palabras? Puede haber más de una opción.

pasta | azúcar | agua | mermelada | sardinas | zumo
arroz | cebollas | salchichas

1.3 **Todo el grupo** ¿Se envasan estos productos de la misma manera en tu país?

RAE

LÉXICO

Español de América (Puerto Rico, El Salvador, Guatemala, Cuba, Ecuador y Panamá) › libra (una libra equivale a 500 g):
*1/2 **libra** (250 g) de papa criolla; 2 **libras** (1 kilo) de papas; 1 1/2 **libras** (750 g) de carne molida.*
En España la libra equivale a 453 g. Su uso actual es poco frecuente:
*Vendían frutas escarchadas y chocolate en medias **libras** de fabricación propia.*
Español de América (Guatemala, Panamá, Honduras, Nicaragua, El Salvador, Colombia, México...) › galón de agua o leche (un galón equivale a 3785 litros):
*Pienso ahora en Miller, al que le bastaban diez **galones** de agua, bebidos sin interrupción.*
Español de México › bote: *Le pasó un **bote** de jugo de papaya.*
Español de América (Argentina, Uruguay, Paraguay...) › *sachet* (envase de plástico en forma de bolsa o bolsita):
*Pensé que pronto volvería con un **sachet** de leche.*
Español de México › cartera (envase de 24 huevos), media cartera (envase de 12 huevos):
*Se acerca a la tienda y compra media **cartera** de huevos.*

2 ¿Sabes qué es un banco de alimentos? Esta es la web de un banco de alimentos que quiere hacer una "Gran Recogida de Alimentos" para Navidad. Lee la información y comprueba tu respuesta.

granrecogidadenavidad.com

QUIÉNES SOMOS | GRAN RECOGIDA DE ALIMENTOS | QUIERO DONAR | HAZTE VOLUNTARIO | CONTACTO

¿SABES LO QUE SE PUEDE HACER CON LOS PRODUCTOS Y ALIMENTOS QUE DONAS?
¡NI TE LO IMAGINAS!

Un banco de alimentos es una organización benéfica sin ánimo de lucro que recoge alimentos para donarlos y distribuirlos de manera gratuita entre diferentes entidades benéficas y así dar de comer a personas sin recursos.

Recuerda:

GRAN RECOGIDA DE ALIMENTOS
Zaragoza - 1, 2 y 3 de diciembre

2.1 **Todo el grupo** ¿Hay bancos de alimentos en tu ciudad? ¿Colaboras con ellos? ¿Con qué productos? Cuéntaselo a la clase.

2.2 **En parejas** Clasifica los alimentos de las actividades 1 y 1.2 en la siguiente tabla. Luego compara con tu compañero/a.

Alimentos perecederos	Alimentos no perecederos o en conserva
huevos,	*lata de atún,*

2.3 **En parejas** Ahora vas a elaborar con tu compañero/a una cesta de donación de aproximadamente 20 €. Elige los productos mirando los precios que aparecen en la actividad 1 y algún folleto o página web del supermercado que quieras.

CESTA		20 €
Descripción	**Unidades**	**Precio**
paquete de pasta	*1*	*0.95 €*

2.4 **Todo el grupo** ¿Qué pareja tiene más productos en su cesta? ¿Qué pareja ha elaborado la cesta más variada?

Gramática

1 Pretérito perfecto regular e irregular

- El **pretérito perfecto** de indicativo es un **tiempo del pasado** que se forma con el **presente** del verbo *haber* y el **participio** del verbo principal.
- El **participio regular** de los verbos se forma sustituyendo la terminación *-ar* por *-ado* y las terminaciones *-er* e *-ir* por *-ido*:

	Hablar	Comer	Vivir
yo	**he** hablado	**he** comido	**he** vivido
tú	**has** hablado	**has** comido	**has** vivido
él, ella, usted	**ha** hablado	**ha** comido	**ha** vivido
nosotros/as	**hemos** hablado	**hemos** comido	**hemos** vivido
vosotros/as	**habéis** hablado	**habéis** comido	**habéis** vivido
ellos, ellas, ustedes	**han** hablado	**han** comido	**han** vivido

> Fíjate:
> En los verbos reflexivos, el pronombre se coloca delante del verbo *haber*:
> *me he duchado, te has perdido, nos hemos vestido...*

- Algunos verbos tienen un participio irregular:

abrir	› **abierto**	hacer	› **hecho**	romper	› **roto**
decir	› **dicho**	morir	› **muerto**	ver	› **visto**
escribir	› **escrito**	poner	› **puesto**	volver	› **vuelto**

- Usamos el pretérito perfecto para hablar de **acciones terminadas** en un **pasado no terminado** o para hablar de **experiencias vividas**:

  *Esta mañana **he desayunado** una tostada con aceite de oliva y tomate.* (La acción es pasada, pero el tiempo es presente, pues el día aún no ha terminado).

  ***He ido** a Nueva York **dos veces**.* (Se habla de una experiencia. En este caso no importa cuándo sucede la acción, solo si se ha producido o no).

- Los **marcadores temporales** más usados con pretérito perfecto son:
  - hoy
  - este mes/año/verano/otoño/invierno...
  - esta mañana/tarde/noche/semana/primavera...
  - una vez/x veces
  - alguna vez
  - siempre/nunca

RAE GRAMÁTICA

En el español de América y en el español de España de las zonas de Galicia, Asturias, parte de León y Canarias es más frecuente el uso del pretérito indefinido en lugar del pretérito perfecto para hablar de acciones terminadas en un tiempo no terminado:

Español de América: *Estoy muy cansado porque esta mañana **salí** de casa muy temprano y no **llegué** hasta las nueve de la noche. **Fue** un día muy largo.*

En el español de España (salvo en las zonas mencionadas anteriormente) se dice: *Estoy muy cansado porque esta mañana **he salido** de casa muy temprano y no **he llegado** hasta las nueve de la noche. **Ha sido** un día muy largo.*

1.1 Conjuga los siguientes verbos en pretérito perfecto en la persona indicada.

1. comprar (él)
2. tomar (ellos)
3. romper (vosotros)
4. leer (ella)
5. ver (nosotros)
6. ser (ella)
7. oír (tú)
8. salir (ellas)
9. abrir (yo)
10. escribir (usted)

1.2 **En parejas** Hazle estas preguntas a tu compañero/a.

1. ¿Cómo (venir, tú) .... a clase?
2. ¿(Ir, tú) .... al cine este mes?
3. ¿(Hacer, tú) .... algún viaje este año?
4. ¿A qué hora (despertarse, tú) .... hoy?

1.3 [35] Escucha y marca lo que ha hecho Alfredo esta semana.

1. ☐ Ha estado en Londres por trabajo.
2. ☐ Ha visto una exposición de fotografía.
3. ☐ Ha comprado los regalos de Navidad.
4. ☐ Ha celebrado el cumpleaños de su hijo.
5. ☐ Ha hecho un examen de alemán.

2 Adjetivos y pronombres indefinidos

- Los indefinidos hablan de la **existencia** o **inexistencia** de personas o cosas. Hacen referencia a una cantidad indeterminada. Pueden acompañar a un nombre (son adjetivos) o ir solos (son pronombres):

	Existencia		Inexistencia	
	Masculino	Femenino	Masculino	Femenino
Singular	*algún* + nombre m. alguno	alguna	*ningún* + nombre m. ninguno	ninguna
Plural	algunos	algunas	ningunos	ningunas

▶ *Antonio, ¿hay **algún problema**?*
▷ *No, **ninguno**. = No, **ningún problema**.*

▶ *¿Hay **alguna chica** rusa en clase?*
▷ *No, en este curso **no** hay **ninguna (chica rusa)**.*

- Además, hay cuatro pronombres indefinidos especiales que se refieren solo a personas y cosas:

	Existencia	Inexistencia
Personas	alguien	nadie
Cosas	algo	nada

▶ *¿Hay **alguien** en casa?*
▷ *No, creo que **no** hay **nadie**.*
▶ *¿Quiere **algo** más?*
▷ *No, gracias, **no** quiero **nada** más.*

Cuando usamos los indefinidos de inexistencia se incluye *no* delante del verbo.

Fíjate:
Ningunos/ningunas solo se usan con palabras que se construyen en plural:
Ningunos pantalones *me valen.*
▶ *¿Tienes unas tijeras?*
▷ *No, lo siento, no tengo **ningunas**.*

2.1 Completa los siguientes diálogos con los indefinidos adecuados.

1. ▶ He ido a la sala de reuniones y no he visto a ....
   ▷ Pues qué raro, porque siempre hay .... a esta hora.
2. ▶ ¿Has hecho .... plan para este fin de semana?
   ▷ No, no, todavía no tengo .... plan.
3. ▶ ¿Has hecho ....esta semana?
   ▷ No, no he hecho ....
4. ▶ ¿Has comprado ya los regalos de Navidad?
   ▷ Sí, he comprado .... regalos, pero aún tengo que comprar más cosas.
   ▶ ¿Y tienes .... idea?
   ▷ Bueno, sí, tengo ....
   ▶ Jo, pues yo no tengo ....

2.2 [36] Ahora escucha y comprueba tus respuestas.

Practica en contexto

1 **En parejas** Hoy Pilar ha tenido un día muy completo. Mira las fotografías y escribe debajo su actividad correspondiente. Luego ordénalas cronológicamente según tu criterio. Trabaja con tu compañero/a.

Comer con los compañeros de trabajo. | Escribir unos informes.
Hablar con su madre por teléfono. | Hacer la compra. | Ir a clase yoga. | Ir al trabajo.
Levantarse pronto. | Pedir una *pizza* para cenar. | Poner el lavavajillas.
Tener una reunión de trabajo. | Ver la televisión. | Volver a casa.

....

....

....

....

....

....

Se ha levantado pronto.

....

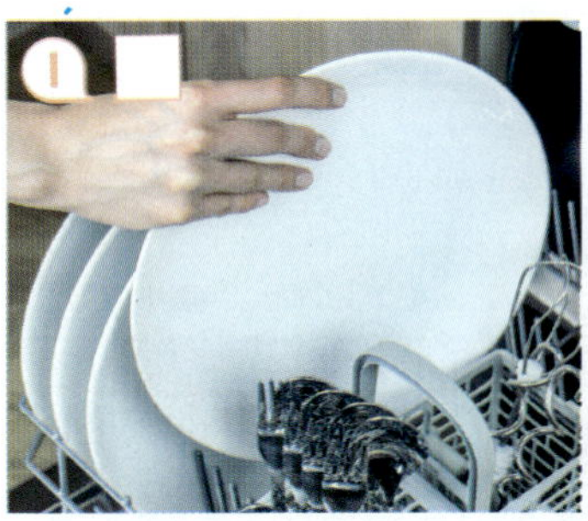

....

....

....

....

1.1 [37] Ahora escucha la conversación entre Pilar y su madre y comprueba tus respuestas anteriores.

1.2 **En parejas** ¿Qué has hecho tú hoy? Escríbelo en un papel y dáselo a tu compañero/a. ¿Habéis coincidido en algunas cosas los dos?

Ejemplo: *Los dos hemos desayunado leche con cereales.*

2 Lee el blog de Ramón y completa la información sobre su fin de semana.

www.elblogderamon.com

SÁBADO 23 PUBLICADO POR RAMÓN VALLEJO A LAS 20:33

¡¡Por fin estoy en Granada!! **Esta ciudad es increíble.** No he parado desde que he llegado. Esta mañana he ido pronto a la Alhambra. **¡Qué bonita!** Esta foto es del famoso Patio de los Leones, que **me ha gustado mucho.** Y la otra es de los Jardines del Generalife. No os pongo ninguna foto del Palacio de Carlos V porque está en obras y no he podido entrar. He terminado la visita a las 3 de la tarde y después he tomado unas tapas en la calle Elvira, que está llena de bares y de gente. ¡He pagado 2 € por un refresco y una hamburguesa! Por la tarde he paseado por el Albaicín, he tomado un té y he hecho fotos de la Alhambra desde el mirador de San Nicolás.
Ya he hablado por teléfono con Jaime (mi amigo de Granada) para concretar los planes de esta noche. Vamos a cenar en su casa y luego vamos a ver un espectáculo de flamenco. Mañana os cuento qué tal…

COMENTARIOS

Amelia: **¡Qué envidia!** Yo estoy encerrada en casa, que tengo examen el martes. ¡Pásalo muy bien!

Carlos: ¿¿¿Solo 2 € por un refresco y una tapa??? **¡Qué barato!**

DOMINGO 24 PUBLICADO POR RAMÓN VALLEJO A LAS 17:14

Escribo esta entrada desde la cafetería de la estación porque he perdido el tren. Además, estoy muy cansado porque no he dormido casi nada. **¡Qué mal!** Al final no he visto el espectáculo de flamenco ni he visitado el Sacromonte, pero **ha sido un fin de semana fantástico.**

COMENTARIOS

Javi: ¿Que has perdido el tren? **¡Qué mala suerte!** Vas a llegar a casa muy tarde, ¿no?

Amelia: **¡Qué pena!** La próxima vez voy contigo y vemos los dos un espectáculo de flamenco ;)

Para hablar de las acciones previstas realizadas, se usa ***ya*** y para hablar de las acciones previstas que no se han realizado, pero que se tiene intención de hacer, se usa ***todavía (no)*** o ***aún (no)***:

__Ya__ he visitado la Alhambra.

__Todavía no__ he visto a tu hermano. (Pero tengo intención de verlo).

Tres cosas que ha hecho	Tres lugares que ha visitado	Tres cosas que no ha hecho

2.1 Lee de nuevo el blog y fíjate en las valoraciones marcadas en negrita que hacen Ramón y sus amigos. Luego clasifícalas en positivas y negativas.

Valoraciones positivas	Valoraciones negativas

Hacer valoraciones

- (No) **Me ha gustado mucho.**
- **Me ha encantado.**
- ***Es/Ha sido*** + adjetivo de valoración
  - ▶ *¿Te ha gustado el concierto?*
  - ▷ *Sí, __ha sido increíble__. El cantante __es muy bueno__.*

2.2 **En grupos pequeños** Piensa en tres cosas que has hecho este mes, esta semana y este fin de semana y cuéntaselo a tus compañeros. Valora lo que ellos dicen.

Otros **adjetivos** para **valorar** son: *(muy) bueno/a, (muy) malo/a, (muy) bonito/a, (muy) divertido/a, increíble, fantástico/a, genial, horrible, terrible…*

Reaccionar valorando

¡**Qué** bien/mal/(mala) suerte/ bonito/envidia/pena/barato/caro!

- ▶ *¡Ay, Dios mío! He perdido el tren…*
- ▷ *¡__Qué__ mala suerte!*

3 **En parejas** Hazle la siguiente encuesta a tu compañero/a. ¿Crees que ha vivido suficientes experiencias? ¿Le gusta probar cosas diferentes? Mira los resultados que se dan en la encuesta, ¿coinciden con tu opinión?

Preguntar por las experiencias vividas

Para **preguntar por experiencias vividas** se usa el **pretérito perfecto** y el marcador ***alguna vez***, que puede aparecer en diferentes posiciones dentro de la pregunta:

*¿**Alguna vez** has hablado en público?*
*¿Has hablado **alguna vez** en público?*
*¿Has hablado en público **alguna vez**?*

Para responder

- Se usa el pretérito perfecto y los siguientes marcadores de **frecuencia**:
  - muchas veces
  - algunas veces
  - una vez
  - X veces
  - un par de veces
  - alguna vez
  - nunca

  Cuando usamos ***alguna vez***, hablamos de un número **impreciso** de veces no muy elevado.
- Para hablar de una experiencia que **no se ha tenido**, se usa el marcador ***nunca***. Puede construirse de tres maneras:

  Nunca he estado en Tokio.
  *No he estado **nunca** en Tokio.*
  *No he estado en Tokio **nunca**.*

	Nunca	Alguna vez	Muchas veces
¿Alguna vez has conducido un coche de lujo?	☐	☐	☐
¿Has estado alguna vez en un espá?	☐	☐	☐
¿Has hecho una cata de vinos alguna vez?	☐	☐	☐
¿Alguna vez has saltado desde un avión?	☐	☐	☐
¿Has buceado alguna vez?	☐	☐	☐
¿Alguna vez has dormido en un castillo o palacio?	☐	☐	☐
¿Has comido en un restaurante con alguna estrella Michelin?	☐	☐	☐
¿Alguna vez has hecho *rafting*?	☐	☐	☐

Mayoría de respuestas "NUNCA"
Parece que no has vivido muchas experiencias... Pero no te preocupes: aún hay tiempo y todo puede cambiar.

Mayoría de respuestas "ALGUNA VEZ"
No está mal, pero aún hay muchas experiencias interesantes que puedes vivir.

Mayoría de respuestas "MUCHAS VECES"
¡Enhorabuena! Eres una persona que ha vivido muchas experiencias. ¡Sigue así!

3.1 **En parejas** ¿Sabes qué son las cajas regalo? ¿Te han regalado alguna? Lee las ofertas de la empresa Regala Experiencias. ¿Cuál es la caja ideal para tu compañero/a según la encuesta anterior?

ESCAPADAS

Hemos seleccionado miles de lugares especiales en España y en Europa para escaparte unos días. Hoteles, castillos, palacios, casas de campo...

Incluye: una o dos noches con desayuno para dos personas en uno de nuestros 230 hoteles.

GASTRONOMÍA

Bares, restaurantes con estrellas Michelin, marisquerías... Tenemos más de 300 lugares para elegir. También puedes hacer una cata de vinos o un curso de cocina.

Incluye: una comida/cena, una cata o un curso para dos personas.

AVENTURA

¿Te apetece saltar en paracaídas, volar en un globo aerostático, hacer submarinismo o conducir un coche deportivo? Elige una de nuestras cajas regalo y desafía tus límites.

Incluye: una experiencia para una, dos o más personas.

3.2 **En grupos pequeños** ¿A qué compañeros de clase les regalarías las otras tres cajas? ¿Por qué? ¿Qué caja es la ideal para ti?

4

Elabora preguntas con las experiencias de la tabla. Sigue el modelo.

Experiencias	Preguntas	Nombre	N.º de veces
1. Alquilar un coche.	*¿Alguna vez has alquilado un coche?*		
2. Trabajar en un país extranjero.			
3. Ganar un premio o concurso.			
4. Enamorarse.			
5. Tener un accidente.			
6. Volver a casa más tarde de las seis de la mañana.			
7. Viajar a un país latino.			
8. Decir "te amo".			
9. Romper un objeto de valor.			
10. Ver una ópera.			
11. Abrir un regalo de otra persona.			

¿Necesitas un descanso? Disfruta de un masaje oriental o de una terapia con chocolate o haz un circuito termal. Vive una de las más de 600 experiencias en *spas,* balnearios y centros de belleza. Revitaliza tu cuerpo y relaja tu mente.

Incluye: un pase al espá o balneario o un masaje para dos personas.

4.1 **Todo el grupo** Levántate y hazles estas preguntas a tus compañeros para saber quién ha vivido estas experiencias y cuántas veces. Completa el resto de la tabla. ¿Quién ha vivido más experiencias?

Lugares

1 **Todo el grupo** ¿Has estado en algún país de Hispanoamérica? ¿Conoces algún lugar insólito de esta parte del mundo? Coméntalo con tus compañeros.

1.1 Aquí tienes tres lugares insólitos de Hispanoamérica. Lee los textos y relaciónalos con las imágenes. Hay una imagen que sobra. ¿Cuál es? ¿Conoces este lugar? ¿Sabes cómo se llama y dónde está?

El Salar de Uyuni, un desierto de sal

Con una extensión de casi once mil kilómetros cuadrados, el Salar de Uyuni se encuentra a una altura de 3663 metros sobre el nivel del mar. Esta rareza geográfica se debe a la desecación de unos lagos prehistóricos que han dejado sus depósitos ricos en sal. Es la mayor reserva de litio del mundo y un sitio ideal para los amantes de la fotografía.

1

2

Vinicunca, la montaña de los siete colores

Es una montaña que está en los Andes de Perú, en la región de Cuzco, con una altitud de 5200 metros. Sus increíbles colores se deben a los minerales del suelo. La mejor época del año para visitarla es en agosto, ya que es estación seca y los colores destacan más.

Cenotes, depósitos de agua dulce

Son pozas de agua cristalina que existen en pocos lugares del mundo. La península de Yucatán contiene la mayor extensión de cenotes, con aproximadamente unos seis mil distribuidos en su territorio. Los cenotes eran la fuente de agua de los antiguos mayas, quienes además los consideraban la entrada al inframundo. Gracias a los cenotes se ha desarrollado el buceo arqueológico y, como consecuencia, se han encontrado tesoros arqueológicos y restos de animales prehistóricos de incalculable valor: elefantes, mastodontes, tigres dientes de sable y armadillos gigantes.

3

4

insólitos de Hispanoamérica

Isla de Capurganá

Desierto de Atacama

Aconcagua

Mapa de Centroamérica

2 Completa este test para comprobar cuánto sabes de Hispanoamérica.

1. La capital más alta del mundo es...
   a Quito.
   b. Lima.
   c. La Paz.
2. El segundo exportador mundial de flores es...
   a. México.
   b. Colombia.
   c. Guatemala.
3. ¿Cuál de estos países no tiene ejército?
   a. Costa Rica.
   b. Cuba.
   c. Nicaragua.
4. ¿Cuál de los siguientes países es uno de los principales exportadores mundiales de esmeraldas?
   a. Panamá.
   b. Colombia.
   c. Cuba.
5. Una de las mayores obras de ingeniería del mundo es...
   a. Machu Picchu.
   b. Las pirámides de Tikal.
   c. El canal de Panamá.
6. ¿Cuál es el país más pequeño de Centroamérica?
   a. Honduras.
   b. Costa Rica.
   c. El Salvador.
7. Uno de los glaciares más espectaculares del mundo está en...
   a. Chile.
   b. Cuba.
   c. Argentina.
8. La isla de Pascua, también conocida como Rapa Nui, pertenece a...
   a. Chile.
   b. Ecuador.
   c. Perú.
9. El Aconcagua, la montaña más alta de América, se encuentra en...
   a. Perú.
   b. Argentina.
   c. Chile.
10. El desierto más seco del mundo, el desierto de Atacama, está en...
    a. Chile.
    b. Perú.
    c. Bolivia.

2.1 **Todo el grupo** Corrige el test con toda la clase. ¿Cuántas preguntas has acertado?

HOSTAL Babel

Cajas y cajas y cajas...

Antes del vídeo

1 **En parejas** Cuando alguien dice que ha tenido "un día de locos", ¿cómo crees que ha sido su día? Para saberlo, relaciona las imágenes con las frases que te damos.

1 ☐

2 ☐

3 ☐

4 ☐

5 ☐

6 ☐

a. Se ha levantado tarde.
b. Ha perdido el autobús.
c. Ha tenido una reunión muy larga.
d. Ha comido muy rápido en el trabajo.
e. Se ha tirado el café encima.
f. Se ha estropeado el autobús.

Durante el vídeo

2 **En parejas** **Visiona el primer fragmento del episodio (00:30 ▶ 01:29) y responde a las siguientes preguntas.**

1. ¿Por qué llega tarde Leo?
2. ¿Qué toma Leo?
3. ¿Qué toma Carla?
4. ¿A quién están esperando?
5. ¿Qué van a hacer los tres?

Nota cultural

En Argentina hay dos formas de tomar la yerba mate: una es con una bombilla y un mate (que son la caña y el recipiente, respectivamente) y la otra es como una infusión normal, generalmente en bolsita. A esta última forma se la llama ***mate cocido***.

2.1 **¿Alguna vez has tomado mate? ¿Dónde? Cuéntaselo a la clase.**

3 Visiona el fragmento 01:35 ▶ 03:24 y elige la opción correcta.

1. ¿Dónde ha estado Leo?

a. 

b. 

c. 

2. En las cajas que Leo ha cargado y ha descargado en el almacén hay...

a. 

b. 

c. 

3. ¿Dónde ha estado Carla?

a. 

b. 

c. 

4 Lee lo que ha hecho Tere hoy. Después visiona el último fragmento del vídeo (03:24 ▶ final) y ordena las frases.

☐ Ha vuelto a su casa para cambiarse de ropa y ha cogido otra vez un autobús para ir a la cafetería.

☐ La ha llamado su madre y han estado hablando mucho tiempo.

☐ El autobús se ha estropeado y ha tenido que esperar al siguiente.

☐ Ha tenido una reunión con su profesor y ha estado en su despacho una hora.

☐ Ha tenido clases toda la mañana.

☐ Ha ido a la biblioteca porque necesitaba unos libros.

☐ Ha perdido el autobús y ha tenido que ir corriendo a su casa.

☐ Ha cogido un café de la máquina y se le ha caído encima.

☐ Se ha preparado la comida y ha tenido que comer muy rápido.

Después del vídeo

5 **En parejas** Ahora que ya conoces el día que ha tenido Tere, imagina con tu compañero/a cómo ha sido el día de Carla y escríbelo en el cuaderno.

6 **En grupos pequeños** ¿Y tú? ¿Has tenido hoy un día de locos como Tere o ha sido un día tranquilo? ¿Cómo son normalmente tus días? Cuéntaselo a tus compañeros de grupo.

Evaluación

1 **Observa la fotografía y di qué productos hay en esta caja solidaria de alimentos.**

Una botella de agua, ...

....

....

....

....

....

....

2 **Completa la información de este anuario del banco de alimentos conjugando los verbos en pretérito perfecto.**

Nuestros datos de este año

- *Hemos distribuido* 20 599 436 kilos de alimentos.
- [1] .... (Ayudar, nosotros) a 190 696 personas.
- [2] .... (Repartir, nosotros) diariamente 90 000 kilos de alimentos.
- 335 empresas de la industria de la alimentación [3] .... (donar) alimentos.
- 260 colegios [4] .... (participar) en la Operación Kilo.
- 410 empresas [5] .... (colaborar) en la Gran Recogida de Alimentos.
- 400 voluntarios [6] .... (trabajar) en nuestro banco de alimentos.
- 22 500 voluntarios [7] .... (cooperar) en la Gran Recogida.

3 **Escribe un correo electrónico contando a un amigo lo que has hecho hoy.**

De: **Para:** **Asunto:**

4 **Relaciona cada frase con su valoración correspondiente.**

1. ¿Te ha gustado la película?
2. ¿Qué tal tu vuelo?
3. He suspendido el examen.
4. He comprado un billete de avión por 10 €.
5. ¿Has terminado ya el libro?
6. ¡Me ha tocado la lotería!

a. Sí, pero no me ha gustado mucho.
b. ¡Qué pena!
c. ¡Qué barato!
d. Ha sido horrible. Hemos tenido muchas turbulencias.
e. ¡Qué suerte!
f. Me ha encantado. Es muy buena.

5 Observa el billete de tren de Ramón y responde a las siguientes preguntas.

Núm. Billete: 2787600281177

Localizador: V2TWL3 Tarifa PROMO **renfe**

Salida	**Valencia - Joaquín Sorolla**	**08:15**
Llegada	**Madrid - Puerta de Atocha**	**09:55**
AVE	**05161**	**Turista**
Coche	**7**	**Plaza: 04C**
		Total: 21.95€

Cierre del acceso al tren 2 minutos antes de la salida

1. ¿A dónde ha llegado y a qué hora?
2. ¿De dónde ha salido y a qué hora?
3. ¿Cómo se llama la estación de origen?
4. ¿Cómo se llama la estación de destino?
5. ¿En qué coche ha viajado? ¿En qué asiento?
6. ¿Cuánto ha pagado por el billete?

Recuerda que para hablar del origen utilizamos la preposición ***de*** y para hablar del destino la preposición ***a***. También usamos ***a*** para hablar de la hora.

6 Escucha la conversación entre dos compañeros de trabajo que hablan sobre lo que han hecho este fin de semana y señala qué actividades ha realizado cada uno.

[38]

1. Ha estado con su familia. .... P C
2. Ha visitado a unos amigos. .... P C
3. Ha visitado la mezquita. .... P C
4. Ha montado a caballo. .... P C
5. Ha estado en Córdoba. .... P C
6. Ha descansado. .... P C
7. Ha visto los patios de flores. .... P C
8. Ha comido tapas. .... P C
9. Ha paseado por la sierra. .... P C
10. Ha estado en un pueblo. .... P C

Patio de flores (Córdoba)

7 Escribe frases según tus experiencias vividas o no.

Ejemplo: *He viajado en avión muchas veces.*

1. .... muchas veces.
2. .... una vez.
3. .... un par de veces.
4. Nunca ....

8 Contesta a las siguientes preguntas sobre el apartado "Cultura".

1. ¿Qué metal podemos encontrar en abundancia en el Salar de Uyuni?
2. ¿A cuántos metros sobre el nivel del mar se encuentra el Salar de Uyuni?
3. ¿Cuál es la mejor época para visitar Vinicunca?
4. ¿Cuántos metros mide la montaña Vinicunca?
5. ¿En qué parte de México existe un mayor número de cenotes?
6. ¿Qué animales prehistóricos se han encontrado en estos cenotes?

Unidad

10 Fin de trayecto

¿Qué haces normalmente en el país donde estudias español?

¿Cómo es la gente con la que convives?

¿Qué cosas diferentes has hecho últimamente?

¿Conoces la receta de algún plato típico de otro país? ¿Cuál?

¿Quieres viajar a algún país de Hispanoamérica?

En esta unidad vas a. . .

- Hablar de acciones cotidianas, de experiencias pasadas y de planes y proyectos futuros
- Describir personas
- Dar instrucciones
- Expresar necesidad y obligación
- Conocer Colombia

¿Qué sabes?

1 **En grupos pequeños** Vamos a jugar y a comprobar cuánto has aprendido a lo largo del nivel A1. Tu profesor/a te va a explicar cómo se juega.

SALIDA

1 Di cuántos años tienes.

2 ¿Dónde trabaja un/a farmacéutico/a?

3 ¿Cómo se deletrea Chichicastenango?

4 ¿Cuál es tu correo electrónico?

19 Di los días de la semana.

20 Di los meses del año.

21 VUELVE A LA CASILLA DE SALIDA

22 ¿Cuándo es tu cumpleaños?

23 ¿Cuál es el horario de la escuela donde estudias español?

24 Di tres cosas que haces normalmente.

25 Di una cosa que no haces nunca.

26 De aquí y de allá: ¿Cómo se dice en Hispanoamérica teléfono móvil?

27 ¿Qué hora es?

28 VUELVE A TIRAR EL DADO

29 Di una cosa que te encanta.

30 Di una cosa que no te gusta nada.

31 Nombra dos lugares de interés que hay en Bilbao y qué se puede hacer ahí.

42 PIERDES UN TURNO

43 Nombra dos animales que puedes ver en el parque nacional Canaima (Venezuela).

44 ¿En qué ciudad estás si paseas por las Ramblas?

45 Di tus planes para el fin de semana.

46 Nombra tres productos que puedes encontrar en una máquina de venta automática.

47 Di una instrucción que puedes leer en un cajero automático.

48 De aquí y de allá: ¿Cómo se dice en Hispanoamérica salón?

49 VUELVE A TIRAR EL DADO

50 Pide un favor a un compañero de la clase.

57 Di una cosa que no has hecho nunca.

58 De aquí y de allá: ¿Cómo se dice en Hispanoamérica coche?

LLEGADA

5 De aquí y de allá: ¿Cómo se dice en Hispanoamérica **camarero/a**?

6 Lee este número: **4715100**

7 AVANZA 2 CASILLAS

8 Describe tu **barrio**.

9 Di tres cosas que te gusta hacer cuando **viajas**.

32 Nombra tres **tapas** que puedes pedir en un bar de España.

33 Di tres **bebidas** que puedes pedir en un bar.

34 Pide el menú del día: un primero, un segundo, un postre y una bebida

35 AVANZA 2 CASILLAS

10 Di cómo vas a tu **escuela/trabajo**.

51 Levántate y apaga la luz.

52 **Pide permiso** a tus compañeros para hacer algo.

53 Di tres **estados de ánimo**.

36 ¿Qué tienes que decir cuando quieres **pagar** en un restaurante?

11 ¿Dónde prefieres **alojarte** cuando viajas?

56 PIERDES UN TURNO

55 Di el nombre de tres **envases**.

54 Di tres cosas que **has hecho hoy**.

37 De aquí y de allá: ¿Cómo se dice en Hispanoamérica **patatas**?

12 Nombra un **monumento** que te gusta mucho y di dónde está.

41 Di tres cosas que necesitas para **ir de excursión** a la montaña.

40 Di una cosa que **quieres hacer** esta semana.

39 Propón un **plan** a tus compañeros para este fin de semana.

38 Da dos consejos para **aprender bien** español.

13 Describe el **físico** y el **carácter** de un miembro de tu familia.

18 De aquí y de allá: ¿Cómo se dice en Hispanoamérica **zapatillas**?

17 ¿Qué **está haciendo** tu profesor/a en este momento?

16 ¿Qué **ropa** llevas hoy?

15 Nombra tres **personajes famosos** del mundo hispano y di sus profesiones.

14 VUELVE A TIRAR EL DADO

Palabras

1 **En parejas** Resuelve el siguiente crucigrama.

1

2

3

4

5

6 Horizontal

6 Vertical

7

8

9

10

11

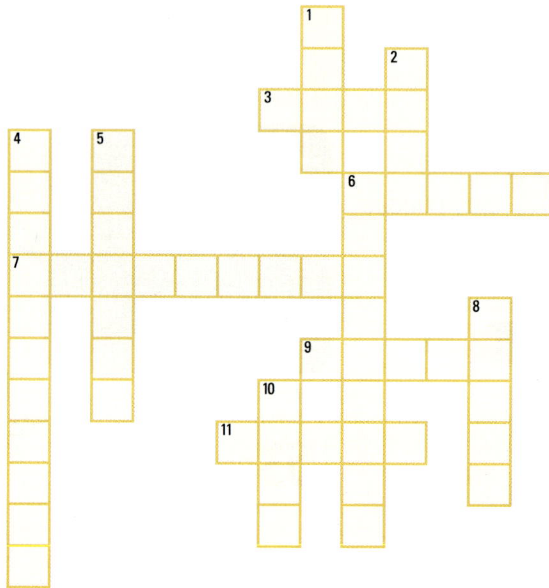

RAE

LÉXICO

Español de España y América › tarta/pastel:
*De postre una **tarta** de almendras excelente.*
*Allí estaba mi madre, haciendo un **pastel** que olía delicioso y cantando.*
Español de América › torta: *La **torta** de boda tiene cuatro enormes pisos.*
Español de Honduras › queque: *Eliminar galletas dulces, **queques**…*

Español de España › tapa: *Pasear por la ciudad y pararse a tomar unas **tapas** en alguno de los bares que han hecho de estas todo un arte.*
Español de América › botana:
*Para abrir el apetito te presentamos esta gran variedad de **botanas**.*

Español de España › zumo:
*Jamás prueba el alcohol, solo agua y **zumo** de naranja.*
Español de América › jugo: *Sobre una mesa con mantelito blanco hay vasos con **jugo** de naranja, platos con huevos cocidos, panes tostados y tazas de café.*

Español de España › sándwich:
*Anda, corre, ve a la cocina, por si ya están los **sándwiches** de la mesa 3.*
Español de América › emparedado: *Primero tomaron café, aparecieron algunos **emparedados**, masas frescas de hojaldre, frutas…*

1.1 **En parejas** Combina las palabras de la actividad anterior con las palabras que te damos. Compara los resultados con tu compañero/a.

1. botella de ....
2. taza de ....
3. ración de ..../................
4. .... asado
5. .... de chocolate
6. .... de naranja
7. .... de jamón
8. .... de verduras
9. ..../................ a la plancha
10. .... con queso

2 Escucha la siguiente conversación entre dos amigos y completa la información de la tabla.

[39]

	Pablo	Mario	M.ª Luisa	Carla
Carácter				
Gustos				

2.1 **En parejas** Observa las fotografías y busca las diferencias. Sigue el ejemplo. Luego compara con tu compañero/a.

Foto 1	Foto 2
Pablo lleva corbata y Mario no.	

2.2 Escucha de nuevo la primera parte de la audición y di si las frases son verdaderas o falsas. Corrige los errores.

[39]

1. Los hermanos de Julia son Pablo, Mario, M.ª Luisa y Carla. .... V F
2. El tío de Pablo y Mario se llama Juanjo. .... V F
3. Juanjo es el hermano del padre de Julia. .... V F
4. Clara es la madre de M.ª Luisa y Carla. .... V F
5. No se sabe si Juanjo es mayor o menor que el padre de Julia. .... V F
6. Clara es la hermana mayor de la madre de Julia. .... V F

3 **En parejas** Ordena las letras para obtener doce palabras del cuerpo humano.

1. Z-A-B-E-C-A › ....
2. P-I-N-A-E-R-S › ....
3. O-S-J-O › ....
4. R-A-N-Z-I › ....
5. N-M-A-S-O › ....
6. O-C-B-A › ....
7. S-P-L-A-E-A-D › ....
8. J-A-S-O-E-R › ....
9. S-I-P-E › ....
10. E-C-H-O-P › ....
11. U-E-L-L-C-O › ....
12. D-D-O-E-S › ....

Gramática

1 Presente de indicativo: verbos irregulares (repaso)

e > ie Querer	o > ue Poder	u > ue Jugar	e > i Repetir
quiero	puedo	juego	repito
quieres	puedes	juegas	repites
quiere	puede	juega	repite
queremos	podemos	jugamos	repetimos
queréis	podéis	jugáis	repetís
quieren	pueden	juegan	repiten

Irregulares en la persona *yo*		Irregularidad propia: Ser	Estar	Ir
hago	**doy**	**soy**	**estoy**	**voy**
salgo	**veo**	**eres**	**estás**	**vas**
pongo	**sé**	**es**	**está**	**va**
traigo	**conozco**	**somos**	estamos	**vamos**
		sois	estáis	**vais**
		son	**están**	**van**

Recuerda que algunos verbos tienen una **doble irregularidad**:

Tener	Venir
tengo	**vengo**
tienes	vienes
tiene	viene
tenemos	venimos
tenéis	venís
tienen	vienen

1.1 [40] Escucha el audio y anota los verbos. ¿Cuáles son irregulares? Clasifícalos en la tabla según su irregularidad.

e > ie	o > ue	e > i	Primera persona	Totalmente irregulares

2 *Ser, estar, tener, hay* (repaso)

- Se usa *ser* para decir la **profesión** y la **nacionalidad** y **describir** personas, lugares y objetos.
- Se usa *estar* para **localizar** personas, objetos y lugares en el espacio y hablar de los **estados de ánimo**.
- Se usa *tener* para decir la **edad**, expresar **posesión** y **pertenencia** y **describir** personas **físicamente**.
- Se usa *hay* para hablar de la **existencia** de algo.

2.1 Lee la biografía de José Andrés y completa con los verbos *ser, estar, tener* o *hay.*

José Andrés [1] .... un famoso cocinero español, que desde 2013 [2] .... también estadounidense. [3] .... casado y [4] .... tres hijas.

Su primer restaurante, Jaleo, [5] .... amplio, moderno y alegre y [6] .... en Washington D. C. En su carta [7] .... todo tipo de tapas y raciones (croquetas, patatas bravas, pulpo a la gallega, tortilla de patatas...).

José Andrés [8] .... más de 20 locales en Estados Unidos. En sus restaurantes [9] .... mucha variedad de platos, desde las tapas españolas hasta platos de las cocinas griega, turca, libanesa, mexicana... Su restaurante Minibar [10] .... dos estrellas Michelin.

José Andrés [11] .... una persona alegre, sociable y divertida. Además, [12] .... muy contento de ser un embajador de la cocina española en Estados Unidos.

2.2 **En grupos pequeños** Piensa en un día normal de la vida de José Andrés y di cómo crees que es: cuándo se despierta, cuándo empieza a trabajar, qué hace después de trabajar...

3 Imperativo (repaso)

- Las irregularidades del imperativo son las mismas que las del presente: e › ie: *despierta* (tú); o › ue: *duérmase* (usted); e › i: *pidan* (ustedes)
- Recuerda que la persona *vosotros/as* es siempre regular.
- Usamos el imperativo para **dar instrucciones**, **órdenes** y **consejos**.

RAE

GRAMÁTICA
- En zonas voseantes de América, el imperativo tiene una forma propia para la persona vos *(hablá, bebé, abrí, empezá, volvé, elegí, sé, tené, hacé, poné, vení, salí, decí...)*:
Empezá vos, por favor./Comé, comé, está muy bueno.
- El verbo *ir* (imperativo *ve*) no suele utilizarse y se usa andá *(andar)*:
Andá que es tarde.

3.1 **En parejas** ¿Sabes el significado de estos verbos? Completa la receta usando la forma *tú* del imperativo.

cortar (2) | añadir (2) | rallar | cocinar | pelar | echar | calentar | freír

Ingredientes

Para la salsa brava:

4 tomates grandes maduros
2 cucharadas de aceite de oliva
1 cucharadita de azúcar
½ cucharadita de pimentón
¼ cucharadita de cayena
1 cucharadita de vinagre
sal

Para las patatas:

2 tazas de aceite de oliva
½ kilo de patatas

Elaboración

Para la salsa brava, [1] .... los tomates por la mitad y [2] ....los. [3] .... el aceite de oliva en una sartén y [4] .... el tomate rallado, el azúcar, el pimentón y la cayena. [5] .... los durante 10 minutos aproximadamente. [6] .... el vinagre y la sal.
Para las patatas, [7] .... las patatas, [8] ....las en cubos y [9] ....las en aceite de oliva. [10] .... la salsa sobre las patatas fritas.

RAE

LÉXICO
Español de España › patata:
*Alrededor del pollo se ponen las **patatas**, el tocino y las cebollitas, colocándolos encima del pollo.*
Español de América › papa:
*Voy a asar carne de puerco con **papas**.*

4 Estructuras con infinitivo y gerundio (repaso)

- Hay algunas estructuras verbales que se construyen con infinitivo y que tienen diferentes significados:
  - **Obligación** o **necesidad** › *tener que, hay que*: *Tengo que terminar los deberes esta tarde.*
  - **Planes**, **proyectos** e **intenciones** › *ir a, pensar*: *Mañana pensamos ir al campo.*
  - **Deseos** › *querer*: *Queremos comprarnos un piso en Madrid.*
  - **Consejos** y **sugerencias** › *tener que, hay que, poder*: *Tienes que ir al médico.*
  - **Posibilidad** › *poder*: *Con un diccionario online puedo buscar las palabras más rápido.*
- Para expresar una **acción en desarrollo** usamos *estar* + gerundio:
Estoy estudiando porque mañana tengo un examen.

4.1 [41] **Escucha los siguientes diálogos y fíjate en las estructuras verbales que se usan. ¿Qué expresan? Escribe el número del diálogo en su lugar correspondiente.**

☐ Deseos. ☐ Intenciones. ☐ Consejos y sugerencias. ☐ Obligación.
☐ Acción en desarrollo. ☐ Posibilidad. ☐ Planes, proyectos. ☐ Necesidad.

Practica en contexto

Instagram

152 Me gusta
JoséLuis #Rascacielos de #Bocagrande. Aquí vivo ahora. Es la zona más moderna de la ciudad, aunque no tiene el encanto del centro histórico...

1 José Luis está haciendo prácticas en un hotel. Estas son las fotos que ha publicado en su cuenta de Instagram. ¿Sabes en qué país está? Busca información en internet con ayuda de los comentarios.

174 Me gusta
JoséLuis Calle típica del centro histórico. Pasear por aquí es viajar al pasado #ArquitecturaColonial

93 Me gusta
JoséLuis El baluarte de Santo Domingo, al lado del mar. Las vistas al #Caribe desde aquí son espectaculares #CiudadAmurallada

228 Me gusta
JoséLuis #Gertrudis delante de la iglesia de Santo Domingo. ¡Me encantan las esculturas de #Botero!

202 Me gusta
JoséLuis Vista de la ciudad con la iglesia de San Pedro Claver y Bocagrande al fondo #MeGustaEstaCiudad

306 Me gusta
JoséLuis Desayunando el mejor café del mundo con la mejor compañía. #TeQuiero #feliz

1.1 Lee el siguiente correo electrónico y completa la información.

De: José Luis Para: Conchita, Alfonso, Carolina

¡Hola, amigos!
¿Qué tal estáis por allí? Yo aquí muy bien, como podéis ver en Instagram.
Candela ha llegado hoy a Cartagena y estoy muy feliz.
Bueno, ya tengo móvil colombiano (+57 31 860 05 33) y esta semana he encontrado casa. Es un apartamento muy bonito que está muy cerca de la oficina.
En el trabajo todo bien. Mis compañeros son muy simpáticos y me han ayudado mucho a adaptarme a la ciudad. Después del trabajo normalmente paseo por la ciudad para conocerla un poco más, salgo con mis compañeros, voy a la playa y, cuando no estoy muy cansado, salgo a cenar fuera para probar la comida colombiana, que me encanta.
Ya he visitado un par de veces el centro histórico, que está a 45 minutos andando de casa. Esta semana también he estado en el Museo Histórico de Cartagena y en la iglesia de San Pedro Claver, que es preciosa.
Mañana y el viernes, después del trabajo, voy a enseñarle a Candela un poco la ciudad. Y el fin de semana vamos a ir a la isla de Providencia.
Mañana voy a comprar unas gafas y unas aletas, porque me han dicho que en Providencia puedes hacer submarinismo. ¡Qué emoción! Nunca he buceado y estoy deseando hacerlo...
Tengo que dejaros. Candela quiere salir a cenar, que tiene hambre. Esta noche voy a llevarla a cenar al restaurante Bohemia, un restaurante que fusiona la cocina colombiana con la del sur de Europa. Me lo han recomendado mis compañeros de trabajo. Después vamos a bailar salsa.
¡Azúcar!
Prometo escribiros pronto.
Besos y abrazos,
JL

Hablar del presente, pasado y futuro

- Para hablar de **acciones habituales** utilizamos el **presente de indicativo**:
  *Después del trabajo **normalmente paseo** por la ciudad, **salgo** con mis compañeros, **voy** a la playa y, cuando no estoy muy cansado, **salgo** a cenar fuera.*
- Para hablar de **acciones pasadas** en un periodo de tiempo no terminado o relacionado con el presente, usamos el **pretérito perfecto de indicativo**:
  *Candela **ha llegado hoy** a Cartagena.*
- Para hablar del **futuro** utilizamos la estructura ***ir a*** **+ infinitivo**:
  ***Mañana voy a comprar** unas gafas y unas aletas.*

Marcadores temporales

- **De acciones habituales**: *siempre, (casi) todos los días, normalmente, a veces, nunca...*
- **De pasado reciente**: *hoy, este año, esta semana, alguna vez, nunca...*
- **De futuro**: *esta noche, mañana, este fin de semana, la próxima semana, el año que viene...*

Encuentra en el texto...

1. una cosa que le gusta de Colombia. ....
2. una cosa que nunca ha hecho. ....
3. un lugar que va a visitar. ....
4. dos cosas que necesita para la excursión del fin de semana. ....
5. dos planes que tiene para esta noche. ....
6. dos estados de ánimo. ....
7. tres lugares de interés donde ya ha estado. ....
8. cuatro cosas que hace normalmente. ....

La isla Providencia desde Cayo Cangrejo

RAE

GRAMÁTICA

Recuerda que en el español de América y en el español de España de las zonas de Galicia, Asturias, parte de León y Canarias, es más frecuente el uso del pretérito indefinido en lugar del pretérito perfecto para hablar de acciones terminadas en un tiempo no terminado.

Español de América: *Estoy muy cansado porque esta mañana **salí** de casa muy temprano y no **llegué** hasta las nueve de la noche. **Fue** un día muy largo.*

En el español de España (salvo en las zonas mencionadas anteriormente) se dice: *Estoy muy cansado porque esta mañana **he salido** de casa muy temprano y no **he llegado** hasta las nueve de la noche. **Ha sido** un día muy largo.*

1.2 **En grupos pequeños** Elige a dos compañeros y hazles este pequeño cuestionario sobre su vida en la ciudad donde estudian español. Toma notas. ¿En qué coinciden?

Pregúntales a tus compañeros por...

- Tres cosas que hacen normalmente en la ciudad donde estudian español.
- Dos lugares donde han estado esta semana.
- Un lugar que quieren visitar.
- Un plan que tienen para esta noche.
- Una cosa que tienen que comprar.
- Una cosa que les gusta de su país y una que no les gusta.
- Un plan para hacer el fin de semana.

2 [42] **Escucha estos anuncios sobre diferentes excursiones y visitas que se pueden hacer en Cartagena de Indias y elige la opción correcta.**

Monumento a los Zapatos Viejos, cerca del Castillo San Felipe de Barajas

1. El paseo por las murallas de La Heroica es el plan ideal para...
   a. turistas que quieren conocer la gastronomía.
   b. turistas que quieren conocer los museos de la ciudad.
   c. turistas que quieren conocer el pasado de la ciudad.
2. La excursión de buceo en Barú no incluye...
   a. el transporte.
   b. la comida.
   c. el equipo de buceo.
3. Las islas del Rosario están a...
   a. 16 kilómetros de Cartagena.
   b. 26 kilómetros de Cartagena.
   c. 46 kilómetros de Cartagena.
4. La visita gastronómica por Bazurto cuesta...
   a. 200 000 pesos por persona.
   b. 200 pesos por persona.
   c. 20 000 pesos por persona.
5. Los horarios de la chiva son...
   a. de 6:00 h a 16:00 h.
   b. de 8:00 h a 16:00 h.
   c. de 8:00 h a 18:00 h.

Cabañas en las playas de Barú

Turistas montando en una chiva

2.1 **En grupos pequeños** ¿Qué otras cosas se pueden hacer en Cartagena de Indias? Busca información en internet con tus compañeros, completa la ficha que le corresponda a tu grupo y elabora anuncios tomando como modelo la audición de la actividad anterior.

Restaurantes	Museos	Centros comerciales	Salas de baile
Nombre:	Nombre:	Dirección:	Nombre:
Tipo de comida:	Horario:	Horario:	Tipo de música:
Horario:	Dirección:	Teléfono:	Dirección:
Dirección:	Teléfono:	Tipos de tienda:	Teléfono:
Contacto:	Precio:		

2.2 **Todo el grupo** Haz una puesta en común con tus compañeros.

3 **En grupos pequeños** Vamos a jugar a las instrucciones encadenadas con el mapa de situación del centro histórico de Cartagena de Indias. Un estudiante del grupo dice cómo llegar al primer lugar; su compañero/a, al siguiente, y así sucesivamente hasta completar el recorrido.

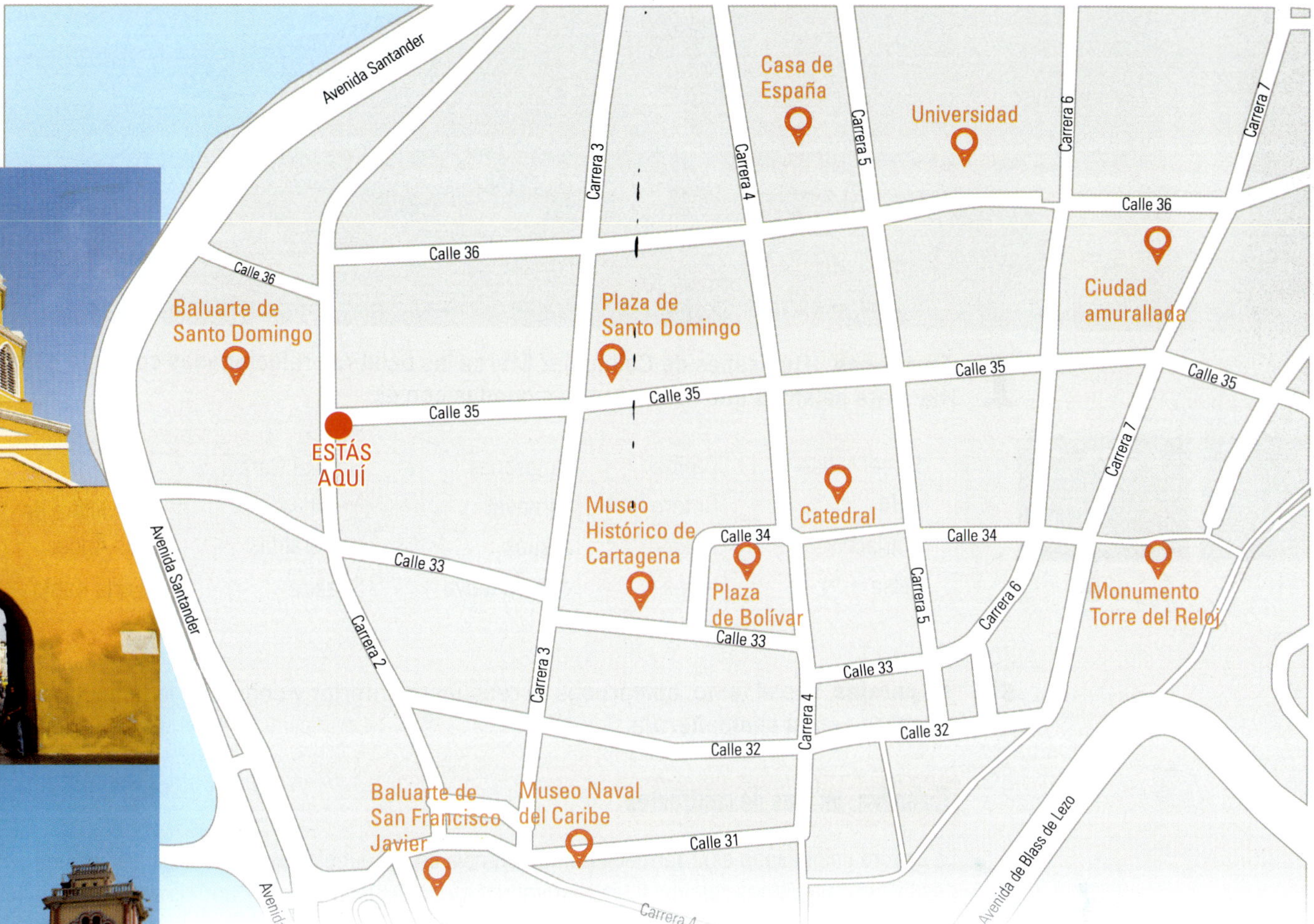

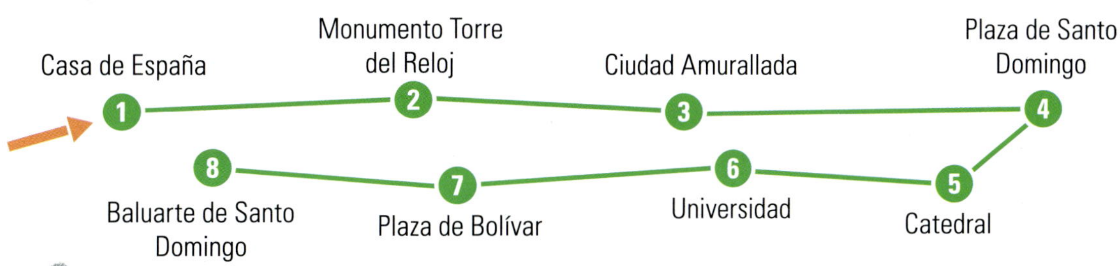

Pedir y dar información espacial

Recuerda:

- Perdón/Por favor, **¿dónde está…?/¿cómo puedo ir a…?**
- (Mira/Mire),
  - **sigue/siga** todo recto por esta/la calle… hasta…
  - **gira/gire** a la derecha/izquierda… en…
  - **cruza/cruce** la calle…

UN PAÍS DE *contrastes*

1 **En parejas** ¿Qué sabes de Colombia? Marca las palabras relacionadas con este país. Hay siete palabras que no están relacionadas con él.

- [ ] Lionel Messi
- [ ] café
- [ ] mariachis
- [ ] salsa
- [ ] Caribe
- [ ] Botero
- [ ] tango
- [ ] tacos
- [ ] Amazonas
- [ ] carnaval
- [ ] arepas
- [ ] cultura maya
- [ ] Gabriel García Márquez
- [ ] esmeraldas
- [ ] Shakira
- [ ] mate
- [ ] cordillera de los Andes
- [ ] Frida Kahlo

2 **En parejas** Lee el texto, comprueba tu respuesta anterior y completa la ficha. Luego compara con tu compañero/a.

Colombia, un país de contrastes

La cultura colombiana está formada por la herencia de los pueblos indígenas, las tradiciones españolas de la época colonial y las costumbres africanas incorporadas por los esclavos que llevaron los conquistadores.

En Colombia hay playas tropicales, montañas de más de 5000 metros, volcanes, selva amazónica, grandes ríos, extensas llanuras, islas… Vamos a conocer sus regiones.

Región de la Amazonia

Aquí, además del río Amazonas, puedes ver otras maravillas (parques y reservas naturales, ríos, flora y fauna diversas) y entrar en contacto con comunidades indígenas que aún conservan sus tradiciones.

Región andina

En esta región encontramos las dos ciudades más pobladas del país: Bogotá y Medellín. En la primera puedes visitar el Museo del Oro y el Museo Internacional de la Esmeralda y en la segunda puedes ver numerosas esculturas de Fernando Botero. Esta región también nos ofrece la posibilidad de visitar plantaciones cafeteras y probar la bandeja paisa y las arepas.

Caño Cristales

Lotos en el río Amazonas

Carnaval de Barranquilla

Vista panorámica de Cali

Mono ardil común

Región Caribe

El sol, las playas, el baile y la alegría de su gente se juntan en esta región a ritmo de cumbia y vallenato, dos de los ritmos musicales más característicos de Colombia. Barranquilla, además de ser la ciudad natal de Shakira, destaca por tener uno de los carnavales más famosos del país. Si lo que buscas es conocer el pasado colonial, Cartagena de Indias es tu destino ideal.

Región de la Orinoquía

En la zona oriental del país se extienden llanuras inmensas que esconden secretos naturales que asombran por su belleza, como Caño Cristales. Por esta región pasa uno de los ríos más importantes de Sudamérica, el Orinoco, que marca la frontera con Venezuela.

Región Pacífico

La zona costera de esta región es el escenario ideal para bucear, ver ballenas y navegar por manglares. Cali es la tercera ciudad más poblada de Colombia, además de ser uno de los principales centros económicos e industriales del país. En Cali se vive de manera muy especial la salsa, la rumba, el baile y la fiesta en la calle.

Busca en el texto…

1. cuatro bailes: ....
2. dos museos: ....
3. dos artistas: ....
4. una fiesta: ....
5. dos comidas: ....
6. dos ríos: ....

3 **Todo el grupo** ¿Cuáles son las regiones más importantes de tu país? Haz una presentación a la clase.

Esculturas de F. Botero en Medellín

Plantación de café en Manizales

Bandeja paisa

HOSTAL Babel

Fin de curso

Antes del vídeo

1 **En parejas** Hemos llegado al último día en el hostal Babel antes del verano. Teniendo en cuenta lo que sabes de los huéspedes del hostal, ¿qué crees que van a hacer en sus vacaciones? Escríbelo y luego compara tus hipótesis con tu compañero/a.

Creo que este verano...

Hugo va a...

Tere va a...

Bea va a...

Carla va a...

Leo va a...

2 **En grupos pequeños** Para celebrar el fin de curso, Bea ha cocinado los platos preferidos de sus amigos. Fíjate en las fotografías. ¿Recuerdas cómo se llaman estos platos? ¿Cuáles crees que ha preparado Bea para cada uno? ¿Por qué? Discútelo con tus compañeros.

1

2

3

4

5

6

7

8

Durante el vídeo

3 **Visiona el fragmento 00:30 ▶ 02:04 y escribe el plato que Bea ha cocinado para cada uno.**

Para Hugo, ... Para Carla, ...

Para Tere, ... Para Leo, ...

4 Visiona el fragmento 02:04 ▶ 04:30, en el que nuestros amigos hablan de sus planes para las vacaciones, y di si las siguientes afirmaciones son verdaderas o falsas. Si son falsas, corrige la información.

1. Tere va a ir a Cádiz y piensa estar de fiesta todos los días. .... V F
2. Tere ha suspendido la asignatura de Finanzas. .... V F
3. Tere va a estudiar dos semanas antes del examen. .... V F
4. Hugo va a visitar a sus amigos en México. .... V F
5. Hugo ya ha comprado los boletos de avión. .... V F
6. Hugo va a regresar a España en agosto. .... V F
7. Hugo quiere viajar por Europa antes de empezar el curso en la universidad. .... V F
8. Hugo piensa hacer el Camino de Santiago. .... V F
9. Bea ha hecho el Camino de Santiago muchas veces. .... V F
10. Leo no piensa viajar porque ha suspendido algunas asignaturas. .... V F
11. Leo va a pasar el verano solo con Bea. .... V F
12. Bea no va a tener vacaciones este verano. .... V F

5 **En parejas** Carla empieza a hablar de sus planes en el fragmento 04:30 ▶ 05:04. Visiona el fragmento. ¿A dónde crees que va? ¿Por qué? Habla con tu compañero/a.

5.1 Visiona la última parte del vídeo 05:04 ▶ final y comprueba tus hipótesis. ¿Has acertado?

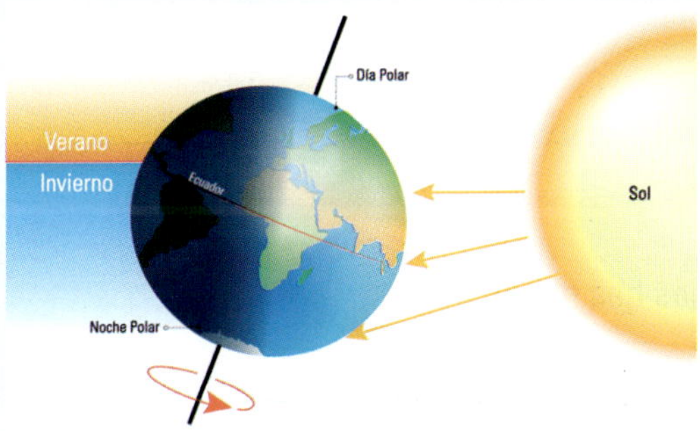

Nota cultural

Las estaciones del año ocurren en el hemisferio sur de manera inversa a como lo hacen en el hemisferio norte. En el hemisferio sur el verano se extiende entre diciembre y marzo, mientras que el invierno lo hace entre junio y septiembre.

Después del vídeo

6 **En grupos pequeños** ¿Cuáles son tus planes para este verano? ¿Piensas estudiar español? ¿Vas a hacer algún viaje? Coméntalo con tus compañeros.

7 **Todo el grupo** Y, para terminar, vamos a poner a prueba tus conocimientos sobre nuestros amigos del hostal Babel. Tu profesor/a te dará las instrucciones.

A	H	R ... ...
B	I	S ... ...
C	L	T ...
D	M	U ... ...
E	N	V ... ...
F	... Ñ	... ... X ... ...
G	P	

Evaluación

1 Observa la foto y responde a las preguntas.

1. ¿Cómo es físicamente el chico de la foto? ....
....
2. ¿Cómo crees que es el carácter de la mujer? ....
3. ¿Con quién está el chico que hace la foto? ....
4. ¿Dónde están? ....
5. ¿Qué están haciendo? ....

2 En todas las frases hay algún error. Corrígelas.

1. A mí encanta ir a exposiciones. ....
2. Ramón le interesa mucho el arte. ....
3. Nos dolemos las piernas. ....
4. ▶ ¿Te gusta la paella? ▷ ¡Sí! ¡Me encanta mucho! ....
5. A Sonia y a Paco le gusta dormir hasta las diez los fines de semana. ....
6. ▶ A mi hermana y a mí nos encanta bailar. ▷ ¡A nosotros tampoco!
....
7. ▶ Me duele mucho la cabeza. ▷ Yo también. ....
8. Me gusta nada cantar en público. ....

3 Escribe estas acciones en el orden en el que las has hecho hoy.

Volver a casa. | Hacer la compra. | Ir a clase/al trabajo. | Desayunar. | Ducharse.
Acostarse. | Comer. | Cenar. | Levantarse.

Hoy me he levantado ....
....
....
....
....

4 Completa la receta usando la forma *usted* del imperativo.

PAN CON TOMATE Y JAMÓN

Ingredientes para 2 personas:

4 rebanadas de pan

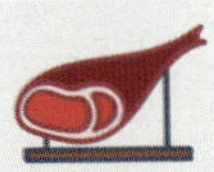
100 g de jamón ibérico

2 tomates maduros

aceite de oliva virgen extra

sal

Elaboración:

[1] .... (Tostar) el pan. [2] .... (Cortar) los tomates por la mitad y [3] .... (frotar) la parte cortada del tomate en el pan tostado. [4] .... (Poner) aceite de oliva sobre el pan y [5] .... (añadir) un poco de sal. Por último, [6] .... (colocar) sobre la rebanada dos lonchas de jamón.

5 Completa este texto sobre la isla colombiana de Providencia con los verbos *ser, tener, estar* y *hay*.

La isla de Providencia [1] .... una isla que [2] .... en el mar Caribe y que [3] .... una superficie de 17 km². En avión [4] .... a 25 minutos de la isla de San Andrés, que a su vez [5] .... a una hora y media de vuelo desde Cartagena o Barranquilla. En los últimos años ha crecido el ecoturismo, ya que en Providencia [6] .... arrecifes de coral, una fauna y una flora marina muy ricas y sus playas [7] .... unas aguas transparentes ideales para bucear.
En la isla solo [8] .... un aeropuerto, que [9] .... el principal acceso a la isla.
También [10] .... un puerto que comunica con la isla de San Andrés.
La isla de Providencia [11] .... varios hoteles y pequeñas posadas. Muchos alojamientos [12] .... casas particulares que los habitantes comparten con los turistas.

6 Observa esta reserva de billetes para ir a la isla de San Andrés y contesta a las preguntas.

Andreams

¿Prefieres por teléfono?
900 67 14 98

Tu viaje a **isla de San Andrés**

Vuelo: 30-Mar al 1-Abr — 2 adultos — Precio por persona 161.44 €

Ida		Vuelta
Vuela Colombia (FC 8160) **15:50** Rafael Núñez (CTG) Cartagena – Colombia **17:20** San Andres Island (ADZ), isla de San Andrés – Colombia 1 h 30 min Directo	→	Vuela Colombia (FC 8161) **12:00** San Andres Island (ADZ), isla de San Andrés – Colombia **13:30** Rafael Núñez (CTG) Cartagena – Colombia 1 h 30 min Directo

1. ¿Cuánto dura el viaje? ....
2. ¿Qué día sale? ....
3. ¿Qué día vuelve? ....
4. ¿A qué hora sale el vuelo de Cartagena? ....
5. ¿A qué hora llega el vuelo a Cartagena? ....
6. ¿Cómo se llama la compañía aérea? ....
7. ¿Cuál es el número de vuelo del 1 de abril? ....
8. ¿Cuánto cuesta el viaje? ....
9. ¿Cuál es el número de teléfono de reservas? ....

7 Responde a las siguientes preguntas del apartado "Cultura".

1. ¿Qué tres influencias tiene la cultura colombiana? ....
2. ¿En qué región puedes visitar una plantación de café? ....
3. ¿En qué ciudad puedes ver muchas esculturas de Fernando Botero? ....
4. ¿En qué región de Colombia está el río Orinoco? ....
5. ¿Dónde se celebra uno de los carnavales más famosos de Colombia? ....
6. ¿En qué región puedes ver ballenas? ....
7. ¿Cuáles son las tres ciudades más pobladas de Colombia? ....
8. ¿En qué región colombiana podemos encontrar culturas indígenas? ....

Apéndices

Pronunciación y ortografía

Ficha 6 | Contraste de los sonidos /l/, /r/ y /rr/ y las letras *r/rr*

1 [56] Escucha y repite. No importa el significado de las palabras.

/l/			/r/			/rr/		
luna	miel	alcalde	pera	arado	oro	hierro	roto	rústico
ulular	limón		mirar	permitir		rabia	carroña	

2 Practica con los siguientes pares de palabras pronunciándolos en voz alta.

parra

lima

- para – parra
- pelo – perro
- celo – cero
- bola – borra
- rima – lima
- mira – mirra
- suero – suelo

mirra

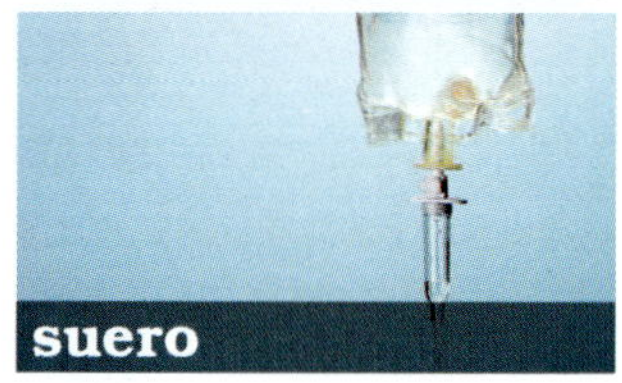
suero

3 [57] Une con líneas las palabras que se dicen.

ROPA	MAR	PERRO	RIMA
MORAL	MAL	LILA	PERRA
RAMO	SUELO	LIMA	LAPA
RARO	SUERO	LATA	PERA

HIELA	CELO	CHURRO	CARETA
LISA	ALA	VARA	CORO
AHORRA	CORRO	ARA	BARRA
CARO	LABIO	CARRO	AHORA

4 [58] Primero, lee la información y luego escribe las palabras que escuchas.

Escribir *r* o *rr*

Posición	Sonido suave	Sonido fuerte
Al principio de palabra	No existe	Letra ***r***: *rama, rojo, rubia*
Entre vocales	Letra ***r***: *hora, Uruguay, amarillo*	Letra ***rr***: *carro, perro, parra*
Al final de palabra o sílaba	Letra ***r***: *amar, partir, esconder*	No existe
Tras las consonantes ***l***, ***n*** y ***s***	No existe	Letra ***r***: *Enrique, Israel, alrededor*

1. ....
2. ....
3. ....
4. ....
5. ....
6. ....
7. ....
8. ....
9. ....
10. ....

Ficha 7 Los sonidos /ch/, /y/. La letra *y*

1 [59] Lee la información y luego escucha y repite las palabras que aparecen debajo.

Los sonidos /ch/, /y/. La letra *y*

- **/ch/** es un sonido que se compone de dos letras: *chocolate, chico.*
- La letra ***y*** tiene dos pronunciaciones:
  - Como vocal, se pronuncia igual que /i/, como en las palabras *hoy* o *hay.*
  - Como consonante, se pronuncia /y/, un sonido muy similar al de /ll/: *yema, oye, calle.*

En muchas zonas hispanohablantes, los sonidos /y/ y /ll/ se pronuncian igual.

• yuca	• mayoría	• rayo
• yegua	• ayudar	• playa

• muchacho	• chato	• bache
• chorizo	• chaqueta	• pecho

1.1 [60] A continuación vas a oír una serie de palabras con un número. Escucha atentamente y coloca el número de cada palabra en el recuadro correspondiente. No importa el significado de las palabras.

/ch/ ☐☐☐☐ /y/ ☐☐☐☐

1.2 Completa con *y* o *ll*.

1. ..... uvia

2. ..... o

3. ..... egua

4. ..... aves

5. ..... ema

6. .po ..... o

7. ra ..... o

8. ..... orar

Recuerda:

- Cuando la letra ***y*** es conjunción y la palabra siguiente comienza por la letra ***i***, la ***y*** se cambia por ***e***:
  *Sonia habla francés **e** inglés.*
- La letra ***y*** puede pronunciarse como vocal o como consonante cuando aparece ante otra vocal:
  doy, Paraguay, rey/desmayar, trayecto, reyes

2 [61] Teniendo en cuenta todo lo que has aprendido hasta ahora, escucha y escribe en tu cuaderno lo que se dicta.

Ficha 8 La tilde diacrítica

1 Lee en voz alta estos pares de palabras. ¿Hay alguna diferencia en su pronunciación?

- tu/tú
- el/él
- se/sé
- mi/mí
- te/té
- si/sí

2 Lee esta información y después elige la opción correcta.

Fíjate:
Esta tilde sirve para diferenciar dos o más funciones de una misma palabra.

La tilde diacrítica

- **tu** › adjetivo posesivo:
  *Esta tarde voy a **tu** casa.*
- **el** › artículo determinado:
  ***El** colegio está un poco lejos.*
- **se** › pronombre personal:
  *Todos los días **se** levanta tarde.*
- **mi** › adjetivo posesivo:
  *Este es **mi** libro.*
- **te** › pronombre personal:
  *¿Qué **te** pasa? ¿Estás enfermo?*
- **si** › conjunción condicional:
  ***Si** queréis, vamos al cine esta tarde.*
- **tú** › pronombre personal:
  *Eso lo has dicho **tú**.*
- **él** › pronombre personal:
  *Me voy en coche con **él**.*
- **sé** › presente del verbo saber (yo):
  *Ya **sé** dónde están las llaves.*
- **mí** › pronombre personal:
  *¿Este regalo es para **mí**? ¡Qué bien!*
- **té** › nombre (infusión):
  *He comprado un **té** rojo buenísimo.*
- **sí** › adverbio afirmativo:
  ▶ *Oye, ¿puedo usar tu teléfono?*
  ▷ ***Sí**, claro, por supuesto.*

1. Ya **se/sé** que debo esforzarme más.
2. **El/Él** ha preparado la cena esta noche.
3. **Mi/Mí** padre es arquitecto.
4. **El/Él** amigo de Juan es muy amable.
5. **Si/Sí**, ya lo he visto.
6. La obra **se/sé** estrena en el teatro Real.
7. **Tu/Tú** tienes que estudiar más.
8. ¡Qué frío! ¿Nos tomamos un **te/té**?
9. **Si/Sí** vienes, te daré la maleta.
10. Ya **te/té** he dicho que no puedo ir.
11. Podemos ver la película en **tu/tú** casa.
12. A **mi/mí** me gusta jugar en el parque.

3 [62] Escucha y escribe correctamente las frases.

1. ....
2. ....
3. ....
4. ....
5. ....
6. ....
7. ....
8. ....

Ficha 9 Contraste de los sonidos /n/ y /ñ/

1 [63] **El sonido /ñ/ es característico del castellano. Escucha y repite.**

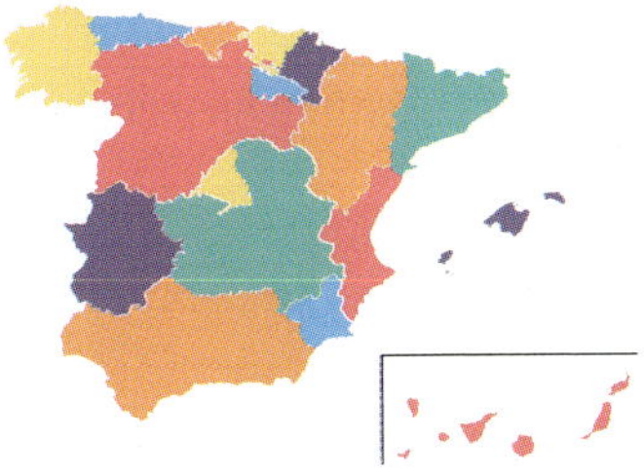

España

niño

regañar

año

piña

cariño

muñeca

2 [64] **Numera las siguientes palabras según el orden en el que aparecen. Observa la diferencia de pronunciación entre /n/ y /ñ/.**

☐ peña	☐ mano	☐ maño	☐ caña
☐ cana	☐ Miño	☐ mino	☐ pena

Peña

Cana

Mino

Peña: pico o montaña.
Cana: pelo blanco.
Miño: río de Galicia, al noroeste de España.
Maño/a: persona originaria de Aragón, al este de España.
Mino: sinónimo de *gato*.
Caña: instrumento que se usa para pescar.
Pena: tristeza.

3 [65] **Escucha y completa los siguientes pares de palabras con consonantes. Ten en cuenta que, en cada par, una de las palabras siempre va a contener la eñe y la otra puede contener cualquier consonante.**

1. ni ..... o – ni ..... o
2. Espa ..... a – espa ..... a
3. ca ..... o – ca ..... o
4. mo ..... o – mo ..... o
5. u ..... a – hu ..... a
6. ba ..... a – ba ..... a

Ficha 10 Las frases interrogativas y exclamativas

1 Lee atentamente la información del siguiente cuadro y compárala con lo que sucede en tu lengua. ¿En qué se diferencia del español? ¿Existen en ella estos signos de puntuación?

Los signos de interrogación y de exclamación

- Los signos de interrogación y de exclamación se usan para representar en la escritura enunciados interrogativos y exclamativos directos:

  ¿Has comido en casa?
  ¿Dónde has comprado ese traje?
  ¡Eso es una injusticia!
  ¡Qué magnífica pintura!

- Como puedes observar, en español tanto los signos de interrogación como los de exclamación son dos: de apertura (**¿ ¡**) y de cierre (**? !**), y se colocan al principio y al final de cada enunciado.

  Es obligatorio poner los dos signos y nunca se escribe punto después de ellos.

2 A continuación tienes el esquema entonativo básico del español. Escucha atentamente el siguiente audio y repite.

[66]

Esquema entonativo básico del español

Frases afirmativas	Frases interrogativas		Frases exclamativas
Viene.	*¿Viene?* (total)	*¿Cuándo viene?* (parcial)	*¡Viene!*

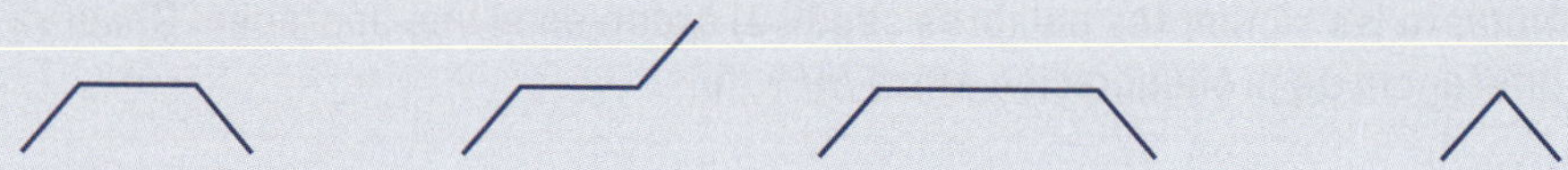

Recuerda:
Las partículas interrogativas ***qué, dónde, cuándo, cómo***... se acentúan en las preguntas y exclamaciones.

3 Vas a escuchar un diálogo en una verdulería. Presta atención a la entonación y escribe los signos de interrogación y exclamación que faltan.

[67]

▷ Hola, buenos días.
▶ Buenos días.
▷ Qué desea.
▶ Tiene pimientos.
▷ Sí. Tenemos pimientos rojos y verdes.
▶ Cuánto cuesta el kilo.
▷ Los pimientos rojos están a dos cincuenta euros el kilo y los verdes, a dos euros.
▶ Qué caros los pimientos rojos. Póngame mejor medio kilo de pimientos verdes, por favor.
▷ Aquí tiene. Desea algo más.
▶ No, nada más. Cuánto es.
▷ Es un euro con veinticinco, por favor.
▶ Aquí tiene, gracias.
▷ A usted.

Tabla de verbos

Presente de indicativo

Verbos regulares

1.ª conjugación -AR CANTAR	2.ª conjugación -ER COMER	3.ª conjugación -IR VIVIR
canto	como	vivo
cantas	comes	vives
canta	come	vive
cantamos	comemos	vivimos
cantáis	coméis	vivís
cantan	comen	viven

Verbos reflexivos regulares

Bañarse	Ducharse	Lavarse	Levantarse	Peinarse
me baño	**me** ducho	**me** lavo	**me** levanto	**me** peino
te bañas	**te** duchas	**te** lavas	**te** levantas	**te** peinas
se baña	**se** ducha	**se** lava	**se** levanta	**se** peina
nos bañamos	**nos** duchamos	**nos** lavamos	**nos** levantamos	**nos** peinamos
os bañáis	**os** ducháis	**os** laváis	**os** levantáis	**os** peináis
se bañan	**se** duchan	**se** lavan	**se** levantan	**se** peinan

Verbos irregulares

Verbos con irregularidad vocálica

- **E > IE**

Cerrar	Comenzar	Despertarse	Divertirse	Empezar
c**ie**rro	com**ie**nzo	me desp**ie**rto	me div**ie**rto	emp**ie**zo
c**ie**rras	com**ie**nzas	te desp**ie**rtas	te div**ie**rtes	emp**ie**zas
c**ie**rra	com**ie**nza	se desp**ie**rta	se div**ie**rte	emp**ie**za
cerramos	comenzamos	nos despertamos	nos divertimos	empezamos
cerráis	comenzáis	os despertáis	os divertís	empezáis
c**ie**rran	com**ie**nzan	se desp**ie**rtan	se div**ie**rten	emp**ie**zan

Entender	Merendar	Pensar	Perder	Querer
ent**ie**ndo	mer**ie**ndo	p**ie**nso	p**ie**rdo	qu**ie**ro
ent**ie**ndes	mer**ie**ndas	p**ie**nsas	p**ie**rdes	qu**ie**res
ent**ie**nde	mer**ie**nda	p**ie**nsa	p**ie**rde	qu**ie**re
entendemos	merendamos	pensamos	perdemos	queremos
entendéis	merendáis	pensáis	perdéis	queréis
ent**ie**nden	mer**ie**ndan	p**ie**nsan	p**ie**rden	qu**ie**ren

- **O > UE**

Acordarse	Acostarse	Almorzar	Contar	Dormir	Encontrar
me acuerdo	me acuesto	almuerzo	cuento	duermo	encuentro
te acuerdas	te acuestas	almuerzas	cuentas	duermes	encuentras
se acuerda	se acuesta	almuerza	cuenta	duerme	encuentra
nos acordamos	nos acostamos	almorzamos	contamos	dormimos	encontramos
os acordáis	os acostáis	almorzáis	contáis	dormís	encontráis
se acuerdan	se acuestan	almuerzan	cuentan	duermen	encuentran

Poder	Recordar	Resolver	Soler	Soñar	Volver
puedo	recuerdo	resuelvo	suelo	sueño	vuelvo
puedes	recuerdas	resuelves	sueles	sueñas	vuelves
puede	recuerda	resuelve	suele	sueña	vuelve
podemos	recordamos	resolvemos	solemos	soñamos	volvemos
podéis	recordáis	resolvéis	soléis	soñáis	volvéis
pueden	recuerdan	resuelven	suelen	sueñan	vuelven

- **E > I**

Elegir	Pedir	Reírse	Repetir	Servir	Vestirse
elijo	pido	me río	repito	sirvo	me visto
eliges	pides	te ríes	repites	sirves	te vistes
elige	pide	se ríe	repite	sirve	se viste
elegimos	pedimos	nos reímos	repetimos	servimos	nos vestimos
elegís	pedís	os reís	repetís	servís	os vestís
eligen	piden	se ríen	repiten	sirven	se visten

- **U > UE**

Jugar
juego
juegas
juega
jugamos
jugáis
juegan

- **I > Y**

Concluir	Construir	Contribuir	Destruir	Huir
concluyo	construyo	contribuyo	destruyo	huyo
concluyes	construyes	contribuyes	destruyes	huyes
concluye	construye	contribuye	destruye	huye
concluimos	construimos	contribuimos	destruimos	huimos
concluís	construís	contribuís	destruís	huis
concluyen	construyen	contribuyen	destruyen	huyen

Verbos irregulares en la primera persona

- **Verbos en -ZC-**

Conducir	Conocer	Producir	Traducir	Obedecer
condu**zc**o	cono**zc**o	produ**zc**o	tradu**zc**o	obede**zc**o
conduces	conoces	produces	traduces	obedeces
conduce	conoce	produce	traduce	obedece
conducimos	conocemos	producimos	traducimos	obedecemos
conducís	conocéis	producís	traducís	obedecéis
conducen	conocen	producen	traducen	obedecen

Otros irregulares en primera persona

Caer	Hacer	Poner	Salir	Traer	Valer
caigo	**hago**	**pongo**	**salgo**	**traigo**	**valgo**
caes	haces	pones	sales	traes	vales
cae	hace	pone	sale	trae	vale
caemos	hacemos	ponemos	salimos	traemos	valemos
caéis	hacéis	ponéis	salís	traéis	valéis
caen	hacen	ponen	salen	traen	valen

Dar	Saber	Ver
doy	**sé**	**veo**
das	sabes	ves
da	sabe	ve
damos	sabemos	vemos
dais	sabéis	veis
dan	saben	ven

Verbos con dos irregularidades

Decir	Oír	Oler	Tener	Venir
digo	**oigo**	**hue**lo	**tengo**	**vengo**
d**i**ces	o**y**es	**hue**les	t**ie**nes	v**ie**nes
d**i**ce	o**y**e	**hue**le	t**ie**ne	v**ie**ne
decimos	oímos	olemos	tenemos	venimos
decís	oís	oléis	tenéis	venís
d**i**cen	o**y**en	**hue**len	t**ie**nen	v**ie**nen

Verbos con irregularidades propias

Haber	Ir	Estar	Ser
he	**voy**	**estoy**	**soy**
has	**vas**	**estás**	**eres**
ha	**va**	**está**	**es**
hemos	**vamos**	estamos	**somos**
habéis	**vais**	estáis	**sois**
han	**van**	**están**	**son**

Recuerda:

- El verbo ***haber*** solo se usa para formar los tiempos compuestos de los verbos.
- Cuando funciona como verbo impersonal, tiene una forma especial en presente, ***hay***:
  Hay un árbol en la esquina.
  Hay árboles en el parque.
- El verbo ***estar*** cambia la sílaba tónica habitual del presente de indicativo en todas las personas excepto en *nosotros/as* y *vosotros/as* (por eso algunas formas llevan tilde).

Verbos que se construyen como *gustar*

Doler	Encantar	Molestar	Parecer
me **duele**/**duelen**	me encanta/encantan	me molesta/molestan	me parece/parecen
te **duele**/**duelen**	te encanta/encantan	te molesta/molestan	te parece/parecen
le **duele**/**duelen**	le encanta/encantan	le molesta/molestan	le parece/parecen
nos **duele**/**duelen**	nos encanta/encantan	nos molesta/molestan	nos parece/parecen
os **duele**/**duelen**	os encanta/encantan	os molesta/molestan	os parece/parecen
les **duele**/**duelen**	les encanta/encantan	les molesta/molestan	les parece/parecen

Imperativo afirmativo

Verbos regulares

	1.ª conjugación -AR CANTAR	2.ª conjugación -ER COMER	3.ª conjugación -IR VIVIR
tú	canta	come	vive
usted	cante	coma	viva
vosotros/as	cantad	comed	vivid
ustedes	canten	coman	vivan

Verbos irregulares

Irregularidades vocálicas

- **E > IE**

Cerrar	Empezar	Pensar
cierra	em**pie**za	**pie**nsa
cierre	em**pie**ce	**pie**nse
cerrad	empezad	pensad
cierren	em**pie**cen	**pie**nsen

- **O > UE**

Contar	Dormir	Volver
cuenta	**due**rme	**vue**lve
cuente	**due**rma	**vue**lva
contad	dormid	volved
cuenten	**due**rman	**vue**lvan

- **U > UE**

Jugar
juega
juegue
jugad
jueguen

- **E > I**

Elegir	Pedir	Vestir
elige	pide	viste
elija	pida	vista
elegid	pedid	vestid
elijan	pidan	vistan

- **I > Y**

Construir	Huir
construye	huye
construya	huya
construid	huid
construyan	huyan

Verbos completamente irregulares

Decir	Hacer	Ir	Oír	Poner	Salir	Ser	Tener	Venir
di	**haz**	**ve**	**oye**	**pon**	**sal**	**sé**	**ten**	**ven**
diga	**haga**	**vaya**	**oiga**	**ponga**	**salga**	**sea**	**tenga**	**venga**
decid	haced	id	oíd	poned	salid	sed	tened	venid
digan	**hagan**	**vayan**	**oigan**	**pongan**	**salgan**	**sean**	**tengan**	**vengan**

La 2.ª persona del plural *(vosotros/as)* del imperativo es siempre regular.

Verbos reflexivos

Acostarse	Despertarse	Dormirse	Levantarse	Reírse	Vestirse
acuéstate	despiértate	duérmete	levántate	ríete	vístete
acuéstese	despiértese	duérmase	levántese	ríase	vístase
acostaos	despertaos	dormíos	levantaos	reíos	vestíos
acuéstense	despiértense	duérmanse	levántense	ríanse	vístanse

Pretérito perfecto de indicativo

Verbos regulares

1.ª conjugación -AR CANTAR	2.ª conjugación -ER COMER	3.ª conjugación -IR VIVIR
he cantado	**he** comido	**he** vivido
has cantado	**has** comido	**has** vivido
ha cantado	**ha** comido	**ha** vivido
hemos cantado	**hemos** comido	**hemos** vivido
habéis cantado	**habéis** comido	**habéis** vivido
han cantado	**han** comido	**han** vivido

Participios irregulares

abrir > **abierto**	escribir > **escrito**	poner > **puesto**	romper > **roto**
cubrir > **cubierto**	hacer > **hecho**	prever > **previsto**	satisfacer > **satisfecho**
decir > **dicho**	imprimir > **impreso, imprimido**	resolver > **resuelto**	ver > **visto**
descubrir > **descubierto**	morir > **muerto**	revolver > **revuelto**	volver > **vuelto**

Glosario

A

	En mi lengua
Abdomen, el	
Abierto/a	
Abrigo, el	
Abrir	
Acampada, la	
Acampar	
Aceite, el	
Aceptar	
Adecuado/a	
Adelgazar	
Aeropuerto, el	
Afeitarse	
Afirmaciones, las	
Afirmativo/a	
Agenda, la	
Agradable	
Agua, el	
Ahí	
Ahorrar	
Aire acondicionado, el	
Alegre	
Alimentarse	
Alimento, el	
Alimentación, la	
Alioli, el	
Al	
Almacén, el	
Almendra, la	
Alquilar	
Altitud, la	
Allá	
Allí	
Amable	
Amigo/a, el/la	
Anaconda, la	
Animal, el	
Antiguo/a	
Añadir	
Apagar	
Apartamento, el	
Apetito, el	
Aprender	
Apto/a	
Aquí	
Arepa, la	
Armadillo, el	
Armario, el	
Arqueológico/a	
Arquitectura, la	
Arrastrar	
Arroz, el	
Artista, el/la	
Asado/a	
Así	
Auditorio, el	
Autobús, el	
Autosuficiente	
Ave, el	
Avión, el	
Azúcar, el	
Azul	

B

	En mi lengua
Bailar	
Bajar	
Bajo/a	
Balneario, el	
Banco de alimentos, el	
Baño, el	
Barato/a	
Barca, la	
Barra (de pan), la	
Barriga, la	
Barrio, el	
Basura, la	
Bechamel, la	
Belleza, la	
Bello/a	
Benéfico/a	
Beso, el	
Biblioteca, la	
Bicicleta, la	
Billete, el	
Blanco/a	
Boca, la	
Bocadillo, el	
Bolsa, la	
Bombero/a, el/la	
Bonito/a	
Bote, el	
Botella, la	
Brazo, el	
Brusco/a	
Bucear	
Buitre, el	
Buscar	

C

	En mi lengua
Cabeza, la	
Café, el	
Cafetería, la	
Caja, la	
Calamar, el	
Calentar	
Calle, la	
Cama, la	
Cansado/a	
Capital, la	
Cara, la	
Carne, la	
Carnívoro/a	
Caro/a	
Carrera (de correr), la	
Casa, la	
Casero/a	
Cata (de vinos), la	
Catedral, la	
Causa, la	
Cayena, la	
Cebolla, la	
Celebrar	
Cena, la	
Cenar	
Centro, el	
Centro comercial, el	
Centro de salud, el	
Cereal, el	

	En mi lengua
Cerrado/a	
Cerrar	
Cesta, la	
Chancla, la	
Chatear	
Chocolatina, la	
Chorizo, el	
Cine, el	
Circuito, el	
Ciudad, la	
Clásico/a	
Cocina, la	
Cocinar	
Coche, el	
Colegio, el	
Colibrí, el	
Colonial	
Comer	
Comida, la	
Cómodo/a	
Completar	
Conceder	
Conclusión, la	
Concurso, el	
Conducir	
Conmigo	
Conquistador, el	
Consejo, el	
Consumir	
Contacto, el	
Contar	
Contento/a	
Correo electrónico, el	
Correr	
Costa, la	
Costar	
Crema, la	
Cristalino/a	
Croqueta, la	
Crucero, el	
Cuarto, el	
Cuello, el	
Cuento, el	

	En mi lengua
Cuerpo, el	
Cueva, la	
Cultura, la	
Cumbre, la	
Cumpleaños, el	

D

Danza, la	
Dato, el	
Dedo, el	
Delante	
Deletrear	
Dentista, el/la	
Deporte, el	
Deportivo/a	
Derecha, la	
Desarrollo, el	
Desayunar	
Desayuno, el	
Descansar	
Descanso, el	
Descortés	
Desecación, la	
Deseo, el	
Desierto, el	
Despertar(se)	
Después	
Destacar	
Detrás	
Deuda, la	
Día, el	
Difícil	
Dinero, el	
Dirección, la	
Disfrutar	
Divertido/a	
Doble (adj.)	
Docena, la	
Documental, el	
Doler	
Donar	
Ducharse	
Dulce	
Durante	

E

	En mi lengua
Económico/a	
Echar	
Edad, la	
Edificio, el	
Empezar	
Empresa, la	
En cubos	
Enamorarse	
Encantar	
Encerrado/a	
Encuesta, la	
Enfadado/a	
Enfermedad, la	
Enfermo/a	
Entrada, la	
Entrar	
Entrecot, el	
Envasado/a	
Envase, el	
Escalada, la	
Escalofrío, el	
Escaparse (viaje rápido)	
Escenario, el	
Esclavo, el	
Escribir	
Escultura, la	
Esmeralda, la	
Espectáculo, el	
Estación, la	
Estadio, el	
Estómago, el	
Estrella, la	
Exactitud, la	
Excursión, la	

F

Fácil	
Faringitis, la	
Farmacéutico/a, el/la	
Fauna, la	
Favor, el	

	En mi lengua
Fiebre, la	
Flan, el	
Flora, la	
Freír	
Frontera, la	
Frotar	
Fruta, la	
Fuente, la	
Fusionar	

G

	En mi lengua
Gafas, las	
Garaje, el	
Gas, el	
Gastronomía, la	
Genial	
Gente, la	
Gesto, el	
Gimnasio, el	
Glaciar, el	
Globo aerostático, el	
Gorro, el	
Gramo, el	
Grande	
Grasa, la	
Gratuito/a	
Gripe, la	
Guía, el/la	
Gustar	

H

	En mi lengua
Habitación, la	
Habitual	
Hacer	
Hambre, el	
Hamburguesa, la	
Harina, la	
Helado, el	
Herencia, la	
Hermano/a, el/la	
Histórico/a	
Hoja, la	
Hojaldre, el	
Hora, la	
Horario, el	
Hospital, el	
Hostal, el	
Huevo, el	
Humanidad, la	

I

	En mi lengua
Ideal	
Identificar(se)	
Idioma, el	
Iglesia, la	
Importante	
Incluido/a	
Indígena, el/la	
Infantil	
Infección, la	
Informal	
Informe, el	
Inframundo, el	
Infusión, la	
Ingeniería, la	
Ingrediente, el	
Inscripción, la	
Insólito/a	
Interesante	
Interesar	
Ir	
Irregular	
Irse	
Isla, la	
Izquierda, la	

J

	En mi lengua
Jabón, el	
Jaleo, el	
Jamón, el	
Jardín, el	
Jersey, el	
Jubilación, la	
Jubilado/a	
Juego, el	
Jugar	
Jugo, el	
Juventud, la	

L

	En mi lengua
Labio, el	
Lado, el	
Lata, la	
Largo/a	
Lavar(se)	
Lavavajillas, el	
Leche, la	
Leer	
Legumbre, la	
Letra, la	
Levantar(se)	
Libre	
Libro, el	
Litio, el	
Litro, el	
Llanura, la	
Llegada, la	
Local, el	
Local (adj.)	
Localización, la	
Localizar	
Loncha, la	
Lucro, el	
Luego	
Lugar, el	
Lujo, el	
Luminoso/a	

M

	En mi lengua
Madre, la	
Manglar, el	
Mano, la	
Mantel, el	
Mañana, la	
Marca, la	
Marisco, el	
Marisquería, la	
Masaje, el	
Mate, el	
Matemáticas, las	
Maya	
Mayor	
Medicamento, el	

	En mi lengua
Medioambiente, el	
Mediodía, el	
Melón, el	
Menú, el	
Merienda, la	
Merluza, la	
Mesa, la	
Meseta, la	
Microondas, el	
Mineral, el	
Mirador, el	
Mismo/a	
Mixto/a	
Moderno/a	
Montaña, la	
Monumento, el	
Mucho/a	
Muralla, la	
Muscular	
Museo, el	

N

Nacionalidad, la	
Naranja, la	
Nariz, la	
Nativo/a, el/la	
Naturaleza, la	
Navaja, la	
Necesidad, la	
Nervioso/a	
Niebla, la	
Nieto/a, el/la	
Noche, la	
Nochevieja, la	
Nombre, el	
Nunca	
Nutria, la	

O

Obligación, la	
Oficina, la	
Oído, el	
Ojo, el	
Ordenador, el	

	En mi lengua
Oreja, la	
Oriental	
Orquesta, la	
Oso hormiguero, el	

P

Padre, el	
Paella, la	
Palacio, el	
Palomitas, las	
Pan, el	
Panorámico/a	
Paquete, el	
Paracaídas, el	
Pared, la	
Pareja, la	
Parque, el	
Parrillada, la	
Pasear	
Paseo, el	
Pasta, la	
Pastilla, la	
Patata, la	
Patio, el	
Peculiar	
Pecho, el	
Pedir	
Película, la	
Pelo, el	
Peluquería, la	
Península, la	
Perecedero/a	
Perro/a, el/la	
Pescado, el	
Pescar	
Picadillo, el	
Picante	
Picar	
Pie, el	
Pimentón, el	
Pincho, el	
Pino, el	
Piña, la	
Piscina, la	
Piso, el	

	En mi lengua
Pista (de tenis, de padel...), la	
Plancha, a la	
Planta, la	
Plantación, la	
Plato (de comida), el	
Playa, la	
Plaza, la	
Poder	
Pollo, el	
Poner	
Portarse	
Posada, la	
Postre, el	
Práctico/a	
Preferir	
Premio, el	
Preocupado/a	
Preparar	
Prestigioso/a	
Problema, el	
Profesión, la	
Propuesta, la	
Proteína, la	
Puesto, el	
Pulpo, el	
Punto, el	
Purificado/a	

Q

Querer	
Queso, el	

R

Ración, la	
Rallado/a	
Rallar	
Rana, la	
Rápel, el	
Rápido/a	
Rascacielos, el	
Realizar	
Rebanada, la	
Rebozar	

	En mi lengua
Recepcionista, el/la	
Receta, la	
Recoger	
Recolectar	
Recurso (económico), el	
Refresco, el	
Relacionar	
Reloj, el	
Reportaje, el	
Respirar	
Restaurante, el	
Rojo/a	
Ropa de abrigo, la	
Ruido, el	
Ruidoso/a	
Ruta, la	

S

	En mi lengua
Sacar (al perro)	
Sal, la	
Salchicha, la	
Salir	
Salmón, el	
Salón, el	
Salud, la	
Saludar	
Sardina, la	
Sed, la	
Selva, la	
Semana, la	
Semanal	
Senderismo, el	
Serie, la	
Serio/a	
Seta, la	
Siempre	
Siesta, la	
Siguiente	
Silla, la	
Sociable	
Sofá, el	
Solidario/a	
Sopa, la	
Submarinismo, el	
Sugerir	
Supermercado, el	

T

	En mi lengua
Taller (de coches), el	
Tapa, la	
Tarta, la	
Teatro, el	
Teléfono, el	
Temprano	
Terapia, la	
Terminar	
Tiempo libre, el	
Tienda, la	
Tienda de campaña, la	
Tomar	
Tortilla, la	
Tos, la	
Toser	
Tostada, la	
Tostado/a	
Trabajar	
Trabajo, el	
Tranquilo/a	
Transbordador, el	
Transporte, el	
Trayecto, el	
Tren, el	
Triste	
Trocear	

U

	En mi lengua
Urgencias, las	
Útil	

V

	En mi lengua
Variado/a	
Vaso, el	
Vejez, la	
Verde	
Verdura, la	
Vez, la	
Viajar	
Vinagre, el	
Visionar	
Vistas, las	
Volcán, el	
Voleibol, el	
Voluntario/a (en un trabajo)	
Volver	
Vómito, el	
Vuelo, el	

Y

	En mi lengua
Ya	
Yegua, la	
Yoga, el	
Yogur, el	

Z

	En mi lengua
Zapato, el	
Zapatilla, la	
Zona, la	
Zoo, el	
Zumo, el	

Créditos fotográficos

UNIDAD 6: No me gusta, ¡me encanta!

Pág. 92: Bar de tapas (San Sebastián, España): Matyas Rehak, Shutterstock.com; **Pág. 94:** Mercado de San Miguel: Maks Ershov, Shutterstock.com; Central Golden Hall, Vínnitsa, Ucrania: bondvit, Shutterstock.com; Museo del Prado: Joseph Sohm, Shutterstock.com; **Págs. 96-97:** Museo Guggenheim: Melanie Lemahieu, Shutterstock.com; Jazz: Christian Bertrand, Shutterstock.com; San Mamés: imagestockdesign, Shutterstock.com; Parque de Doña Casilda: Jon Chica, Shutterstock.com; Puente colgante de Vizcaya: Karol Kozlowski, Shutterstock.com; Teatro Arriaga: nito, Shutterstock.com; **Pág. 98:** Juegos de mesa: AS photo studio, Shutterstock.com; **Pág. 100:** Fotos: Abd. Halim Hadi, Shutterstock.com; **Pág. 101:** Restaurante: Yulia Grigoryeva, Shutterstock.com

UNIDAD 7: Buenas intenciones

Pág. 116: Festival de música: Melanie Lemahieu, Shutterstock.com

UNIDAD 8: Cuídate mucho

Pág. 138: Máquina de venta automática: Shinjuku, Tokyo FS11, Shutterstock.com

UNIDAD 9: Experiencias vividas

Pág. 147: Canal de Panamá: Fotos593, Shutterstock.com; **Pág. 155:** Patio de los Leones: Alfonso de Tomas, Shutterstock.com; Alhambra: José Ignacio Soto, Shutterstock.com; **Pág. 161**: Librería: DrimaFilm, Shutterstock.com; **Pág. 163:** Córdoba: Andrey Lebedev, Shutterstock.com

UNIDAD 10: Fin de trayecto

Pág. 170: José Andrés: s_bukley, Shutterstock.com; **Pág. 172:** Fernando Botero: Jess Kraft, Shutterstock.com; **Pág. 174:** Monumento a los Zapatos Viejos: mundosemfim, Shutterstock.com; Chiva: Alejo Miranda, Shutterstock.com; **Pág. 175:** Monumento Torre del Reloj: Andres Virviescas, Shutterstock.com; **Pág. 176:** Carnaval de Barranquilla: ostill, Shutterstock.com; **Pág. 177:** Plaza Botero: sunsinger, Shutterstock.com

Apéndice: Pronunciación y ortografía

Pág. 183: Flamenco: Krzyzak, Shutterstock.com

Notas